Revue Amazonienne d'Etudes du Développement International et du Management

Amazonian Journal
of International Development
and Management Studies

N° 4 - Septembre 2025

REVUE AMAZONIENNE D'ETUDES DU DEVELOPPEMENT INTERNATIONAL ET DU MANAGEMENT

Amazonian Journal of International Development and Management Studies

N° 4 - Septembre 2025

L'Harmattan

BETA EMADD BIO
Bureau d'Etudes Thématiques Appliquées
en Economie Management Droit du Développement et de la Biodiversité
DFR SJE Université de Guyane

Expertise & Développement
Rue Christophe Colomb, 97300 Cayenne, Guyane

MINEA

UR 7485

5-7, rue de l'École-Polytechnique - 75005 Paris

www.editions-harmattan.fr

ISBN : 978-2-336-49171-4

EAN : 9782336491714

Amazonian Journal of International Development and Management Studies
Revue amazonienne d'études du développement international et du management

The Amazonian Journal of International Development and Management Studies is published two times a year by the Department of Economics and Management of the University of Guiana and the Expertise and Development Association.

Please address all correspondence to:

Amazonian Journal of International Development and Management Studies
University of Guiana
DFR SJE, Campus of Troubiran
2091 Baduel Road
BP 20792 97337 Cayenne
French Guiana
French Republic
Phone: 00 +1 05 94 29 99 10
00 +1 05 94 29 99 32

Subscriptions and sales
Annual subscriptions start with the first issue in the calendar year.

Please mail orders to the above address or to the emails following:
Paul.roselle@univ-guyane.fr
Paul.rosele-chim@wanadoo.fr

Nestor Radjou
Exp.dev@orange.fr

The Amazonian Journal of International Development and Management Studies is published in France by L'Harmattan Publishers Paris France with the assistance of the BETA EMADD BIO MINEA UR 7485 and the DFR SJE of the University of Guiana.

La *Revue amazonienne d'études du développement international et du management* est publiée deux fois par an par le Département d'économie et de management de l'université de Guyane et l'Association Expertise et Développement.

Prière adresser toute correspondance à :

Revue amazonienne d'études du développement international et du management
Université de Guyane
DFR SJE
Campus de Troubiran
2091, Route de Baduel
BP 20792 97337 Cayenne
Guyane française
République française
Phone : 00 +1 05 94 29 99 10
00 +1 05 94 29 99 32

Abonnements et ventes

L'abonnement annuel commence avec le premier numéro de l'année.

Veuillez envoyer vos commandes à l'adresse ci-dessous aux courriels suivants :
Paul.roselle@univ-guyane.fr
Paul.rosele-chim@wanadoo.fr

Nestor Radjou
Exp.dev@orange.fr

La *Revue amazonienne d'études du développement international et du management* est publiée en France par les Éditions L'Harmattan Paris France avec le soutien du BETA EMADD BIO MINEA UR 7485 et le Département d'économie et de management de l'université de Guyane.

Amazonian Journal of International Development and Management Studies
Revue amazonienne d'études du développement international et du management

Number 04 September 2025

Contents. Sommaire

Amazonian Journal of International Development and Management Studies
Revue amazonienne d'études du développement international et du management

Number 04, September 2025

Amazonian Journal of International Development and Management Studies
Revue amazonienne d'études du développement international et du management

La Rédaction

Ce numéro 4 de l'*AJIDMS* affirme la continuité du cheminement des expériences conduites par les chercheurs et les analystes de tous les domaines disciplinaires sur les questions de développement qui se retrouvent concrétisées en Amazonie-Caraïbe.

L'organisation des rencontres entre les chercheurs en sciences économiques et sciences sociales, management, techniques quantitatives, sciences juridiques, lettres et arts de cette région du monde est stimulée dans le cadre de l'équipe interne BETA EMADD BIO, laquelle apporte sa contribution au redéploiement du laboratoire MINEA UR 7485 de l'université de Guyane dans le champ des chercheurs universitaires et professionnels centrés sur la thématique du développement international. L'intégration de toutes les approches du développement, des problématiques transversales, transdisciplinaires, permet de mieux éclairer la connaissance dans les grands territoires de l'Amazonie. Les liens entre la Caraïbe insulaire et le continent sud-américain se redécouvrent. Les spécialistes du développement de ces régions s'expriment sur des thématiques méconnues en lien avec d'autres territoires de la planète. D'où, le fait que l'*AJIDMS* poursuit une vision d'étude du développement international ouverte sur tous les espaces du monde. Celle-ci s'ancre avant tout dans le domaine disciplinaire du chercheur sur une thématique de développement.

L'immensité de l'Amazonie et du plateau des Guyanes reste aux prises avec des pays émergents, de nouveaux pays industriels et des pays en développement performants. Leur succès dans la régionalisation, la globalisation et la mondialisation dépend de la crédibilité des stratégies et des modèles appliqués pour atteindre des objectifs durables. Les questions étudiées sont diversifiées dans le monde et se rejoignent tout en se différenciant de l'Asie à l'Amérique et la Caraïbe, à l'Afrique, l'océan Indien et à l'Océanie.

En conséquence, l'*AJIDMS* accueille des travaux centrés sur l'économie, le management, les questions juridiques des affaires, ainsi que ceux qui viennent d'autres disciplines des sciences sociales, mais qui traitent des thématiques axées sur les problèmes sociétaux de développement.

Revue franglophone, les articles sont publiés en français et en anglais.

Chronique

La Conférence et la Journée de l'entreprise, analyses et réflexions sur de grands moments de rencontre et d'animation de la culture d'entreprise à l'université de Guyane française

Paul Roselé Chim
Bertrand Panhuys
Sandra Olivier

Résumé La Conférence de l'entreprise (CE) et la Journée de l'entreprise (JE) sont deux manifestations pédagogiques de la filière des études de sciences économiques et de gestion de l'université de Guyane qui magnifient la culture de l'entreprise.
L'objet de cet article est de présenter sur une longue période le développement de la culture d'entreprise et de mesurer son impact. Nous cherchons à stimuler la réflexion pour les innovations à venir dans ce domaine.

Abstract The Conference on Enterprise (CE) and the Journey on Enterprise (JE) are two educational events organized by the University of French Guiana's economics and management studies program, which promote corporate culture.
The aim of this article is to present the development of corporate culture over a long period and measure its impact. Our aim is to stimulate reflection on future innovations in this field.

Mots-clés : Entreprise, projets, culture d'entreprise
Keywords: Enterprise, programs, entreprise culture

L'histoire de la Conférence et la Journée de l'entreprise

La Conférence de l'entreprise est devenue un événement annuel depuis déjà douze ans au sein de la filière sciences économiques et gestion. En effet, chaque année, pour cet événement, la filière réserve un très grand accueil aux entrepreneurs, chefs d'entreprises, parmi les plus importants du tissu économique et industriel de la Guyane. Ceux-ci sont choisis minutieusement selon le thème défini par l'équipe pédagogique. Cette conférence a pour but de permettre aux étudiants d'échanger avec les grands patrons, les chefs des groupes industriels mais également d'animer un réseau de relations d'entreprise pour l'évolution future des étudiants.
À savoir, chaque promotion ciblée diffère. C'est l'occasion pour passer à l'application des aptitudes pratiques, et de conforter le contact entre plusieurs groupes d'étudiants n'appartenant pas tous à la filière SEG comme ceux de l'Institut universitaire de technologie (IUT) de Kourou ou de l'École de gestion et de commerce (EGC). L'effectif des participants a connu une très forte croissance au cours du temps, d'où cette rencontre s'est recentrée vers les étudiants de 3e et 4e année en observant davantage de sélectivité.
Pour rappel, voici les thématiques qui ont été abordées :
[2024] 9e édition : Les entreprises de l'Économie sociale et solidaire ; la CRESS (Chambre régionale de l'économie sociale et solidaire de la Guyane).

[2023] 8e édition : L'industrie du cinéma et de l'audiovisuel en Guyane (M. Ferdy, Campus Luminans Guadeloupe ; S. Pastor, Cinéma Eldorado Guyane ; M.-F. Sainte-Ville, ESFCA Ciné School Paris).
[2022] 7e édition : L'entrepreneuriat au féminin (I. Hidair Krivsky, DRDFE ; A. Boullanger, CCIG ; C.-R. Sagne, Guyan'Envol ; V. Bonifacie, Les Premières ; M. A. Clair, CNES/CSG).
[2019] 6e édition : La transition énergétique en Guyane (M. Durand, Directeur EDF Guyane ; H. Sirder, Elue à l'environnement à la CTG ; L. Linguet, Directeur de l'UMR EspaceDev).
[2018] 5e édition : L'industrie spatiale en Guyane (D. Faivre, Directeur CNES ; C. Beskow, Responsable bureau ESA/K ; B. Gérard, Directeur Arianespace).
[2017] 4e édition : Les activités aéroportuaires en Guyane (J.-P. Aron, Directeur des activités aéroportuaires).
[2016] 3e édition : Le marché de l'automobile dans son environnement en Guyane (A. Chailloux, Président de SOMASCO).
[2015] 2e édition : Développer son leadership sur un marché restreint. Le cas d'Orange (C. Maurice, Déléguée régionale d'Orange Guyane).
[2014] 1re édition : Le management de l'entreprise. Comment accroître son activité à l'export (B. Boullanger, PDG SOLAM et Délices de Guyane).
Quant aux Journées de l'entreprise, elles consistent en une activité d'études et de recherches des étudiants sur les entreprises d'un secteur ou d'une branche de l'économie en Guyane. Chaque année, c'est une manifestation culturelle pédagogique et d'animation qui est organisée dans un esprit d'ouverture sur les entreprises et les différents niveaux que recouvre la filière SEG. Cet événement est aussi ouvert vers les étudiants d'autres filières que la SEG, dès lors qu'ils s'intéressent à l'entreprise.
Les étudiants des différents niveaux de la filière développent des thématiques, les chefs d'entreprises invités prononcent des conférences plénières et échangent sur la réalité de leurs entreprises. Cette rencontre fait l'objet d'un temps récréatif. Les étudiants sont récompensés pour leur dynamisme entrepreneurial.

1. Objectif de ces deux programmes

Ils visent au développement et au renforcement de la culture d'entreprise des étudiants et à promouvoir la filière et l'association SEG en qualité de Junior entreprise.
Les retombées recouvrent l'accessibilité et la démystification de l'imaginaire industriel et commercial, une meilleure connaissance des secteurs et des branches de l'économie de la Guyane, et la construction du parcours vers l'emploi.
Ces manifestations constituent une activité d'animation pédagogique inscrite dans une initiative globale recouvrant toute la filière SEG de la 1re à la 5e année d'études, c'est-à-dire de la Licence au Master. Le principal partenaire est le DFR SJE, plus spécifiquement la filière SEG et l'Association des étudiants. L'activité de chaque étudiant est évaluée. Elle fait l'objet d'une note qui est prise en compte dans les enseignements dispensés.

2. Le format organisationnel

Le thème de la conférence est considéré comme la tâche la plus importante de toute la préparation de cet événement. Il détermine le choix des intervenants. En effet, les propositions émanent des différentes promotions par niveau d'études et des réseaux d'entreprises. À la suite de discussions sur les thèmes, le calendrier est arrêté pour les deux manifestations qui, au cours du temps, se sont fixées au début de décembre pour le 1er semestre et au mois d'avril pour le second semestre. L'impact sur la motivation des étudiants est donc très élevé.
Le format se présente comme suit :
DFR SJE
Campus Pôle Universitaire de Guyane
Troubiran
97300 CAYENNE Cedex
05 94 29 99 32

LES JOURNÉES DE L'ENTREPRISE[1]
Programme

---

[1] Association SEG Junior Entreprise (notre page Facebook) site web : http://www.facebook.com/pages/Association-SEG/485203728189449

Domaine DEGSP
Filière SEG

THÈME
Date

Descriptif
Les programmes JE consistent en une activité d'études et de recherches des étudiants sur les entreprises d'un secteur ou d'une branche de l'économie en Guyane. Chaque année, c'est une manifestation culturelle pédagogique et d'animation qui est organisée dans un esprit d'ouverture sur les entreprises et les différents niveaux que recouvre la filière SEG. Cet événement est aussi ouvert vers les étudiants d'autres filières que la SEG, dès lors qu'ils s'intéressent à l'entreprise.
Les étudiants des différents niveaux de la filière présentent des exposés thématiques et invitent des chefs d'entreprise à leur prononcer des conférences plénières sur le thème qui concerne leurs entreprises. Ceux-ci sont primés durant une soirée récréative sur le thème où des récompenses sont distribuées.

3. Objectif du projet

Les programmes CE et JE visent à renforcer la culture d'entreprise des étudiants et promouvoir la filière et l'association SEG en qualité de Junior entreprise.
Les retombées recouvrent une meilleure connaissance des secteurs et branches de l'économie de la Guyane.
Les manifestations CE et JE constituent des activités d'animation pédagogique s'inscrivant dans une initiative globale recouvrant toute la filière SEG de la 1re à la 5e année d'études.
1re journée
Réservée à la 1re et la 2e année
Prologue Ouverture des CE et JE
Les mots du président de l'entreprise SEG
Ateliers d'études de la 1re et la 2e année SEG
Speed dating d'équipe de 4 étudiants présentant en 20 minutes une entreprise de Guyane
Exposé des équipes
Discussions, questions

2e journée
Réservée à la 3e, la 4e et la 5e année
Speed dating d'équipe de 4 étudiants présentant en 20 minutes une thématique d'entreprise en Guyane
Vote pour la désignation des exposés primés
Le Grand Prix du Public SEG
Le Prix du Domaine SEG
Le Prix de l'Association SEG
Synthèse
Conférences plénières des chefs d'entreprise
Mot de synthèse et conclusion
Soirée de clôture
Animation de l'Association SEG :
Tombola, plateau artistique, remise des prix des exposés, collation

4. Le partenariat d'organisation et l'impact

Le programme JE a débuté en 2005 à la suite d'un concours pour le développement de la culture d'entreprise dans les universités auquel le pôle Guyane de l'ancien établissement UAG avait participé. Ce projet avait été retenu par le ministère de l'Enseignement supérieur de l'époque et un crédit de 10 000 euros avait été accordé à la filière SEG de Guyane. Ce projet avait été constitué par Claudine Jantet, agrégée d'économie-gestion, et Paul Roselé Chim, enseignant-chercheur en économie de l'entreprise et sciences de gestion. Ainsi, chaque année cette journée a été organisée pour renforcer le dynamisme pédagogique de l'ensemble de la filière SEG.
En 2014, un autre programme a été pensé. Complémentaire au premier et visant à inviter sur le campus universitaire les chefs d'entreprise pour échanger avec les étudiants sur les thématiques retenues, la CE a été initiée et animée par Bertrand Panhuys, docteur en sciences économiques, chargé d'enseignement à l'université et contrôleur de gestion au Centre spatial guyanais. Dès le départ, la CE a intégré dans son organisation les étudiants des filières économie, gestion et commerce des 3 pôles d'enseignement supérieur de Guyane : SEG, IUT et EGC Business School.

Ces programmes ont permis de développer des partenariats avec l'IUT de Kourou à Cayenne et l'EGC de la Chambre de commerce et d'industrie de la Guyane. Au cours de ces manifestations pédagogiques, les étudiants de l'université et de l'école de commerce se sont rencontrés et ont échangé sur la thématique de l'entreprise en Guyane. Les discussions et les évaluations leur sont profitables tant dans la préparation en amont (une douzaine d'heures étalées sur plusieurs semaines avant l'événement) avec une répartition précise des rôles, que le jour de l'événement (une matinée avec un programme débutant à 8 h 30 et en général programmé début décembre).

Données statistiques du volume estudiantin ayant eu contact avec le programme des Journées et de la Conférence de l'entreprise de la filière SEG Guyane de 2007 à 2024

Années	1ère	2ème	3ème	4ème	5ème	Total
2007-08	102	57	38	23	nd	**220**
2008-09	129	53	56	14	nd	**252**
2009-10	177	91	61	39	nd	**368**
2010-11	165	98	77	27	21	**388**
2011-12	131	47	100	30	25	**333**
2012-13	179	83	72	51	20	**405**
2013-14	271	78	81	25	18	**473**
2014-15	181	46	85	23	14	**349**
2015-16	250	51	45	23	18	**387**
2016-17	302	89	95	24	22	**532**
2017-18	460	117	107	55	27	**766**
2018-19	470	128	132	65	28	**823**
2019-20	470	130	160	55	35	**850**
2020-21	470	212	192	101	50	**1 025**
2021-22	460	193	209	109	70	**1 041**
2022-23	460	148	186	86	68	**948**
2023-24	460	108	96	69	45	**778**
Total 2007-2024	*5 137*	*1 729*	*1 792*	*819*	*461*	***9 938***
Moy. 2007-2024	*302*	*102*	*105*	*48*	*33*	***585***

NB : Il faut ajouter à ces chiffres ceux des étudiants de l'IUT et de l'EGC au nombre d'une centaine au total à chaque conférence, ce qui porte la participation globale moyenne à près de 700 étudiants.

Conclusion

Le développement de ces deux programmes permet de tirer les leçons suivantes :

– D'abord, l'organisation de manifestations relatives à la culture de l'entreprise dans le cadre universitaire a été très difficile, voire impossible pendant la période précédant la création des programmes JE et CE.
– Ensuite, la réussite des projets JE et CE a été l'élément déclencheur de l'engouement à la formation des diplômes et des licences professionnelles orientés vers l'entreprise. C'est la filière SEG qui a révélé la taille critique du marché de formation dans ce domaine. Les nouveaux entrants ont eu un comportement de suiveurs en proposant une variété de diplômes. Son effectif a quadruplé.
– Puis, ces programmes ont apporté une forte innovation dans l'animation de la démarche à la connaissance et à la culture de l'entreprise au niveau des promotions étudiantes sur une période longue. Ils ont influencé les motivations des autres filières d'études dans leur domaine de spécialité.
– Enfin, l'espace de rayonnement et le réseau de diffusion des activités de la filière SEG tant au niveau pédagogique que scientifique sont devenus internationaux.

Références

BARBARIN M. (2012), « Notes de rencontres et d'organisation de la Conférence de l'entreprise », Université de Guyane et EGC, Cayenne, Guyane.
JANTET C. (2004) (2005), « Projet sur le développement de la culture de l'entreprise en milieu estudiantin de l'université des Antilles et de la Guyane, Pôle de Cayenne », UAG, Guyane.
PANHUYS B. (2009), « Notes de réunion pour un projet d'évolution des rencontres de la filière SEG avec le monde économique : pour un nouveau programme », Université de Guyane, Cayenne, Guyane.
PANHUYS B., OLIVIER S. (2014), « Notes de réunion pour l'organisation de la Conférence de l'entreprise », Université de Guyane, Cayenne, Guyane.
ROSELÉ CHIM P. (2020), « L'enseignement et la recherche universitaires en sciences économiques, gestion et sciences sociales en Guyane française, 2001-2020 », Revue *AJIDMS* n° 1, Édition L'Harmattan, Paris.

Glossaire

AES : Administration économique et sociale
EGC : École de gestion et de commerce
JE : Journée de l'entreprise
CE : Conférence de l'entreprise
SEG : Sciences économiques et sociales
IUT : Institut universitaire de technologie
DFR SJE : Département de formation et de recherche en sciences juridiques et économiques
DEGSP : Droit économie gestion sciences politiques

Paul Roselé Chim est professeur des universités, habilité à diriger des recherches de l'université Paris 1 Panthéon-Sorbonne et docteur en sciences économiques de l'université de Paris X-Nanterre. Chef de la filière SEG de l'université de Guyane depuis 2001, auteur de grande réputation internationale par ses publications, il a prononcé de nombreuses conférences dans des universités prestigieuses aux USA, en Europe, en Afrique, en Australie et dans le Pacifique.
Il dirige des thèses de doctorat sur les thématiques du développement international, et figure parmi les spécialistes de l'économie des industries culturelles comme le cinéma et la télévision.

Bertrand Panhuys est docteur de l'université de Limoges et contrôleur de gestion au Centre spatial guyanais. Chercheur associé et chargé d'enseignement à l'université de Guyane, l'auteur a publié des travaux en économie du sport chez les grands éditeurs comme Dalloz.

Sandra Olivier est directrice des études à l'École de gestion et de commerce (EGC) Business School de la Chambre de commerce et d'industrie de la Guyane. Elle encadre les trois niveaux du cycle de formation en sciences de gestion.

Amazonie

 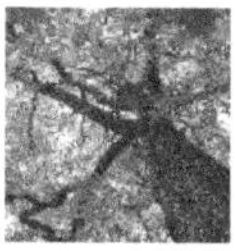

Chronique

La Journée de l'entreprise de la filière SEG de l'université de Guyane consacrée à la branche industrielle forêt-bois

Wilson Delimeau[2]
Magdala Gry
Cory Fang A Song
Aminata Martinot
Anne-Laure Mathurin
Elie Laborieux
Carino Bantifo

[2] Cet article résulte d'un travail de groupe d'organisation des Journées de l'entreprise conduit par l'équipe pédagogique dirigée par Paul ROSELÉ CHIM et Claudine JANTET et les étudiants de la filière des sciences économiques et de gestion de l'université de Guyane. Que tous les auteurs cités soient remerciés pour leur dévouement et leur implication.

Résumé La Guyane est un pays couvert à 96 % de forêt dont 4 % de l'espace sont occupés par la population. Le bois est une ressource naturelle abondante. Cette réalité a enthousiasmé l'équipe pédagogique à accompagner les étudiants de la filière SEG à découvrir la filière industrielle forêt-bois, son économie et ses particularités.
L'objet de cet article est de montrer comment corroborer les méthodes théoriques d'économie, de gestion et d'organisation du programme JE à la réalité de la vie de l'entreprise autour d'un thème : « L'exemple de la filière industrielle forêt-bois de la Guyane française ».

Abstract Guiana is a country 96% covered by forest, 4% of which is occupied by the population. Wood is an abundant natural resource. This fact prompted the teaching staff to help students in the SEG program discover the forest-wood industry, its economy and its particularities.

The aim of this article is to show how to corroborate the theoretical methods of economics, management and organization of the JE program with the reality of corporate life around a theme: "the example of the forestry-wood industry in French Guiana".

Mots-clés : filière, industrie, bois, forêt, entreprise
Keywords: Enterprise, industry, forestry, wood

Introduction

Les Journées de l'entreprise constituent une manifestation ayant un but pédagogique universitaire. Organisées par la filière SEG – car l'idée émane des enseignants responsables –, chaque année, un thème est mis en avant. Des thématiques diverses ont été investiguées, comme l'industrie spatiale, le tourisme, l'eau, l'industrie publicitaire, le cinéma et l'audiovisuel et bien d'autres.
Cet article chronique porte sur le bois en Guyane, plus précisément, la filière industrielle forêt-bois, avec pour fil conducteur l'approche de la production, de la gestion et de l'exploitation. En outre, il ne procède que par d'approches de terrain à travers l'accompagnement et l'encadrement pédagogique des étudiants de la filière SEG dans son intégralité en 2009 et 2010.

1. Présentation de l'entreprise

Dans la réalité, la filière SEG et l'association des étudiants SEG forment une entreprise d'importance significative.

La filière SEG

À l'occasion des JE, la filière SEG se divise en groupes de travail. Ces groupes sont constitués par l'ensemble des étudiants de la filière (1re, 2e, 3e et 4e sous volontariat).

La structure de cette junior entreprise s'organise en dix groupes. La présentation qui suit est relative à l'année 2009. Dans chaque cadre, les responsables de groupes pilotent les équipes de travail. Chaque étudiant a une tâche précise en lien avec les acquis dans le cadre des enseignements reçus relativement à son niveau de formation. La forme d'organisation retenue a pour objectif le partage des compétences et la participation active. La relation d'entraide est primordiale.

Organisation des groupes de travail en 2009

L'association SEG

L'association des étudiants de la filière SEG, plus communément « Association SEG », a été créée le 27 novembre 2006. Elle est régie par la loi du 1er juillet 1901 relative au contrat d'association et le décret du 16 août 1901 portant règlement d'administration publique pour l'exécution de la loi du 1er juillet 1901.
Le siège social fixé à l'origine au campus Saint-Denis, BP 792, 97337 Cayenne Cedex a été transféré dès la rentrée 2009-2010 au campus Troubiran, DFR SJE à l'université de Guyane.

L'association est dirigée par un conseil de membres élus par l'assemblée générale pour une année. Ces membres sont rééligibles.

Le conseil d'administration choisit parmi ces membres au scrutin secret un bureau composé de : un président, un ou plusieurs vice-présidents, un secrétaire, un secrétaire adjoint, un trésorier, un trésorier adjoint.
L'assemblée générale comprend tous les membres de l'association quel que soit son titre. L'assemblée générale ordinaire se réunit chaque année au mois d'octobre. Quinze jours au moins avant la date fixée, les membres de l'association sont convoqués par le secrétaire. L'ordre du jour est inscrit dans la convocation.

Cette brève présentation de l'association SEG conduit à la compréhension du lien avec les Journées d'entreprise.

Le lien avec les Journées de l'entreprise

Le but de l'association est d'accompagner les étudiants de la filière SEG et de conduire les programmes et les projets pédagogiques sur le terrain des découvertes professionnelles. C'est en ce sens qu'elle participe grandement à la réalisation des journées. Il est demandé cependant à chaque membre actif de l'association qui n'est autre que les étudiants, une cotisation annuelle symbolique de 5 €. Cette dernière participera au financement des activités annuelles. Les ressources recouvrent le montant des droits d'entrée ou de cotisation, mais également toutes les subventions octroyées par les collectivités locales et territoriales. Il n'y a pas d'obligation pour les étudiants d'adhérer à l'association, mais un intérêt.

2. Les préparatifs

Afin de mener le projet « les Journées de l'entreprise », 2 à 3 superviseurs généraux sont désignés. Ils ont pour mission de veiller à la bonne organisation de la manifestation.
Les qualités requises pour être sélectionné sont tout d'abord la personnalité respective, le volontarisme et le charisme.

Ces superviseurs ont un rôle très important en ce qui concerne l'organisation de ces journées. Ils veillent à ce que le travail soit effectué à temps.
Cependant, l'organisation requiert beaucoup de temps et des travaux de préparation. Il serait donc difficile, voire impossible, d'effectuer toutes les tâches au nombre de deux ou trois sans l'implication de l'ensemble des élèves de la filière. Pour ce faire, chacun a le loisir de choisir le groupe qui lui correspond le mieux.
Chacun de ces groupes a une mission particulière à conduire sous la tutelle des superviseurs de groupe, responsables d'eux-mêmes et chargés de la coordination entre les superviseurs généraux et le groupe lui-même. Rappelons que l'organisation recouvre neuf groupes de travail qui sont les suivants :

Organisation

Ce groupe a pour but de gérer l'organisation. Ces petites mains commandent les repas, préparent le buffet pour le 2e jour, des petits déjeuners pour les pauses des travaux et les visites d'entreprise. Il gère l'accueil des invités durant les trois journées.

Crédit photo filière SEG

Budget

Le groupe budget assure la mission financière. En effet, il est chargé de rechercher des ressources monétaires auprès des entreprises en leur proposant un service. Ce dernier fait l'objet d'un don financier ou en nature. Les règles de contrôle budgétaire sont expérimentées en situation réelle. Un bilan comptable est élaboré.

Communication

Ce groupe a en charge de faire connaitre la manifestation à tous les publics. Il fait appel à la presse écrite (*France Guyane*), aux médias par des interventions à la radio et à la télévision.

Les émissions ayant ainsi le plus d'impact ont souvent été « le rendez-vous des associations » et « Info live ». Elles attirent un public qui souhaite participer aux conférences. Par le biais de ces médias (presse écrite et audiovisuelle), la filière SEG et le travail réalisé par les étudiants sont valorisés. De surcroît, une campagne d'affichage est aussi réalisée.

Sécurité

Crédit photo filière SEG

Il peut apparaître comme le groupe ayant le moins de responsabilité. Cependant, c'est celui qui veille à ce que tout se déroule bien durant ces journées. En effet, les étudiants faisant partie de ce groupe font en sorte qu'il n'y ait pas d'incident lors de la tenue des travaux et des sorties de terrain. En effet, les étudiants émargent afin de veiller à la présence de tous et l'application de l'ordre de mission établi par l'université. Par ailleurs, c'est un groupe qui assure le lien entre tous les autres groupes de travail.

Déplacement

Compte tenu des déplacements, il est donc important de passer des commandes pour obtenir suffisamment de bus pour un prix avantageux. En voulant faire jouer la concurrence, des devis multiples et variés sont obtenus aux fins de comparaison pour les commandes de service de transport. L'estimation est obtenue par un travail coopératif entre les groupes.

Artistique

Une soirée de clôture festive est organisée en guise de récompense pour le travail bien fait. Ainsi pour l'animation, le groupe artistique développe une animation illustrant le thème des journées. Les chants, les danses, l'animation musicale, les groupes folkloriques, les talents artistiques présentent une réalisation d'évocation en magnifiant la publicité des entreprises participantes.

Exposés

Les groupes dédiés aux exposés ont une tâche bien définie. Ils préparent un exposé pour les conférences juniors durant les matinées. Afin d'améliorer l'efficacité du travail, ils vont à la rencontre des professionnels du domaine se rapportant au thème choisi qui les aident à finaliser leurs exposés. Le contenu de ces derniers est vérifié et des séances de simulation sont mises en place. Ces simulations consistent à se mettre en situation pour le jour du JE. Les enseignants présents de chaque promotion apportent leur contribution à l'amélioration des présentations.

En fait, les présentations faisant l'objet d'une note sur le support papier et un diaporama sont évalués. Ces travaux sont notés.

Crédit photo filière SEG

Il incombe aux groupes d'exposés de répondre aux questions après l'intervention des rapporteurs (étudiants chargés de résumer brièvement l'exposé et de poser des questions afin de lancer les débats). Le reste de l'auditoire fait part de ses questions en dernier lieu. En guise de récompense, un prix est accordé au meilleur exposé.

Réservation-Tombolas

Ce groupe tout comme le groupe budget part à la recherche des ressources monétaires ou en nature auprès des entreprises. Pour augmenter les recettes, les dons en nature sont transformés en tombolas. Au moins, un millier de tickets de tombolas est vendu au prix de 2 € l'unité. Cette recette constitue un produit financier de l'association SEG.

NTIC

Il s'agit d'un groupe ayant pour tâche de magnifier les outils venant des Nouvelles technologies de l'information et de la communication. Son activité s'est située dans le prolongement du groupe communication : faire des photos dans le sens visant au reportage et à la diffusion sur les réseaux du Net au travers d'un skyblog. Cela aura donc pour but de promotionner plus amplement la manifestation.

3. Le travail en sous-système

Les Journées de l'entreprise révèlent la pratique d'une organisation en sous-systèmes reliés entre eux par une unité de commandement. C'est le travail de chacun qui forme le travail de tous. Les superviseurs généraux effectuent des tâches de manager de proximité de façon à ce que tout se passe bien.

Recherche de ressources

Pour lancer un projet d'une telle envergure, il est nécessaire d'avoir un minimum de ressources afin de pouvoir régler un certain nombre de dépenses (cas du petit déjeuner, des repas, des bus, des frais de décoration). Si en effet, un budget propre était alloué par l'université de l'ordre de 8 000 € pour les relations industrielles, il n'en demeure pas moins que l'association SEG disposait de ses propres moyens d'investissement. Au cours du temps, ce budget a drastiquement diminué.

Recherche d'entreprise à visiter

Les lieux de visite ayant un lien direct avec le thème fixé ont concerné toute la filière. L'exemple de la thématique du bois et de la forêt a concerné trois PME qui sont : la Scierie du Larivot, la Scierie de Dégrad des Cannes, et enfin la CBCI.

Recherche d'un lieu pour le déjeuner

L'expérience a permis de développer des relations de terrain en lien avec les thématiques. Les sites en plein air pouvant accueillir plus de deux cents étudiants sont rares en Guyane. Dans le cadre de ces journées de 2009-2010, le seul site correspondant a été Matiti Paradise.

Recherche d'intervenants

Les réflexions, les discussions conduisent souvent à procéder par hypothèses. La thématique du bois et de la forêt a conduit à la recherche d'intervenants pour une conférence plénière dont le thème était « Déconstruction et reconstruction du couvert végétal et forestier dans les pays de la Caraïbe : l'exemple d'Haïti ». Une personnalité haïtienne a répondu à l'invitation. Ce fut Mme la vice-consul d'Haïti, Mme Ambroise Claude. Par ailleurs, la rencontre avec l'association « Le collectif pour Haïti » qui a à son actif plusieurs actions notamment dans le cadre du reboisement des forêts haïtiennes a conduit à accueillir M. Bantan et Mme Claude. Des chefs d'entreprise du domaine du bois ont été nombreux :
– M. Lecoeur (ONF), ayant fait une conférence sur « La certification, gestion durable des forêts en Guyane ».

– M. Talagran (Scierie du Larivot), faisant une intervention sur « Une grande entreprise de la filière bois : la *S*cierie du Larivot ».

– Mlle Bonjour (CCIG), traitant « La filière forêt-bois en Guyane : les grandes problématiques d'une filière atypique ».

Vérification du travail effectué par chaque groupe

La vérification du travail effectué par chaque groupe est une opération de contrôle de gestion. Elle s'est effectuée par le biais de la mise en place de réunions avec chaque groupe pour constater l'état d'avancement des travaux. Lorsqu'une tâche n'a pas été achevée, elle a été reportée dans les restes à réaliser.

4. Les difficultés à résoudre

Gestion des groupes

La gestion des groupes est une tâche complexe. En effet, il faut arriver à gérer le travail de chacun en maintenant l'équilibre entre la sensibilité de chacun et les objectifs à atteindre dans une bonne ambiance. De plus, il est important de vérifier le travail de tous sans pour autant empiéter sur les uns les autres, car c'est source de conflit. C'est un vrai dilemme.

Nombre d'étudiants important

L'effectif de la filière SEG est important et rend plus difficiles les préparatifs. Les lieux de visite sont difficiles à trouver surtout pour des raisons de sécurité car les structures industrielles sont très petites et concentrent beaucoup de machines dangereuses.

Celui-ci reste un problème également pour les bus car plus il en faut de bus, plus c'est coûteux d'une part et d'autre part, il n'est pas fréquent qu'une seule compagnie ait la totalité des bus disponibles sans pour autant oublier que la majorité de ces compagnies font du ramassage scolaire, et, par conséquent, des contraintes deviennent limitantes au développement des Journées de l'entreprise.

Financement

Le financement est aux prises avec des difficultés de gestion. Explication : les finances sont difficiles à gérer, car les fonds sont répartis sur des comptes divers dont la ventilation est spécifique.
En effet, les fonds accordés par l'administration ne sont utilisables que par mandat administratif. Les entreprises n'acceptent pas forcément ce mode de règlement. De surcroît, les usages conduisent à des résidus financiers inutilisables.

Les fonds de l'association SEG restent les plus accessibles du fait de la liberté d'usage des modes de paiement (espèces, chèque, carte, virement).

À ces ressources viennent s'ajouter les subventions mais sur devis. En effet, certains sponsors demandent des devis qu'ils se chargeront de régler. Les contraintes relèvent du fait que des montants sont imposés. Il est donc important d'avoir un devis ayant un montant égal au total de la somme accordée afin de ne pas « perdre » de l'argent.

Enfin, nous observons que les subventions allouées ne sont accessibles que pour l'année d'après. La difficulté réside dans le fait qu'il ne faille pas intégrer ces montants dans le bilan de l'année en cours pour éviter de se retrouver en situation de déséquilibre financier.

Manque de temps

Le manque de temps est un véritable problème au cours de l'année universitaire. En effet, les superviseurs sont nommés en début d'année. Sachant que les Journées d'entreprise ont eu lieu à la fin du mois de mars, le temps des préparatifs est court.
Les préparatifs commencent au début de l'année. Par conséquent, les équipes disposent d'un temps court.

De plus, des contraintes extérieures peuvent intervenir comme un mouvement de grève qui a eu lieu durant le mois stratégique de mars qui pénalise durement l'organisation des Journées de l'entreprise. Non seulement, les activités se bloquent, mais des cours sont reportés. La préparation aux examens est perturbée.

Les débats professionnels

Les Journées de l'entreprise sont aux prises avec les débats des professionnels. Concernant la thématique bois-forêt, force a été de découvrir que certains aspects étudiés étaient vus négativement. À titre d'illustration, le déboisement apparaissait antinomique à la problématique industrielle et à l'exploitation. Le terme « conflit d'usage » relevait de sensibilités de développement durable. Et donc, les positionnements pour le développement de la connaissance des milieux restaient souvent sous des angles différenciés.

Les solutions

Il a été retenu de relier aux projets les personnalités ayant un intérêt particulier. L'invitation d'autres filières fut envisagée, de même que des rencontres avec des professionnels.

Crédit photo filière SEG

L'innovation est venue du fait que le président de l'association SEG était en même temps superviseur général. Cela a apporté une double expérience :

– Tout d'abord n'ayant été dans une association uniquement en tant que membre actif, cela a permis d'avoir une vue interne sur l'organisation d'une association.

Les responsabilités qui en découlent, le niveau d'exigence et de rigueur nécessaire afin de répondre au mieux aux attentes des étudiants qui ont placé leur confiance dans les administrateurs sont contrôlés.

– Dans un deuxième temps, manager une quantité importante d'étudiants n'est pas aisé. Cela nécessite une maîtrise de la communication, car chaque étudiant a une personnalité différente, de plus il faut des efforts de cohésion entre les groupes.

Cette expérience a également conforté l'idée que la communication au sein d'une organisation quelle qu'elle soit, est un élément important quant à la réussite de ses objectifs.

De plus le fait de bénéficier de l'expérience d'un superviseur, cela a contribué à un avancement plus rapide des travaux.

Malgré l'expérience préalable, celle acquise en cours d'année n'a pas été de trop. En effet, les groupes ont été confrontés à de nouvelles situations nécessitant de nouvelles solutions.

Gry Magdala Manager générale des JE (Crédit photo filière SEG)

5. Déroulement des Journées de l'entreprise

Journée d'ouverture
C'est une journée de présentation générale de la manifestation.
Elle consiste à présenter succinctement le déroulement des journées.

Journées conférences
Conférences juniors 1re année
Au cours de ces journées, les conférenciers font la présentation de leur entreprise et des thématiques étudiées.

Les conférences juniors sont les exposés des étudiants.

La problématique retenue dans leur sujet durant l'année universitaire 2009-2010 fut : « En quoi la filière forêt-bois en Guyane est-elle spécifique ? »

Crédit photo filière SEG

Tout d'abord, une règlementation drastique de la forêt et du bois permet une gestion judicieuse des ressources.

Cette règlementation s'articule autour des axes suivants :

– L'environnement :
Le massif forestier représente 96 % du territoire.
L'exploitation forestière correspond donc à la mobilisation des arbres, des forêts, des transports en scierie, et enfin des valorisations diverses.

– Le juridique :
Le code forestier : On peut dire qu'il y a l'existence d'un code forestier. Celui-ci est un ensemble de textes concernant l'exploitation et la protection de la forêt.
L'ordonnance n° 2005 alinéa 867 du 28/07/05.
Le décret d'application du 14/11/08.

– L'économique :
Il y a différentes normes qui permettent de commercialiser le bois et surtout de caractériser et classer le « bois guyanais ».
Concernant les normes, nous pouvons observer en général les normes :
– CE : Conforme aux exigences qui donnent une dimension des principaux bois et du taux d'humidité.
– NF : Norme française qui certifie de la qualité du produit et de sécurité.
Concernant l'organisation et la gestion des forêts, nous pouvons constater la présence de l'ONF c'est-à-dire l'Office national des forêts qui est chargé de gérer comme son nom l'indique, les forêts guyanaises.

Cette structure a pour mission de distribuer les subventions versées par l'Union européenne aux différents acteurs. Ces subventions sont obtenues par rapport à la mise en place de la Politique agricole commune (PAC). Cette politique est une mesure de soutien des prix et de subventionnement. Elle aide à moderniser et également à développer l'agriculture. L'ONF s'occupe des conditions à remplir pour obtenir ces subventions, on parlera donc de modalité d'application.

Conférences juniors 2e année

C'est une filière qui dispose de capacités et d'atouts :

- bois de très haute qualité
- bois esthétique
- Une diversité exceptionnelle qui n'est pas suffisamment mise en valeur. Aujourd'hui encore, elle reste à développer, elle s'avère délicate à exploiter en raison des difficultés d'accès à la ressource.

Crédit photo filière SEG

Sa compétitivité est limitée face aux productions importées. Compte tenu de l'importance écologique de la Guyane, dont l'intégration au patrimoine naturel de l'Union européenne est indéniable, il serait bienvenu un soutien des actions engagées au bénéfice de la gestion durable des forêts tropicales humides.

Dans une perspective de gestion et d'exploitation durable des forêts, de nombreux travaux telle la définition d'ORF (Orientations régionales forestières) ou la mise en place d'un code forestier applicable à la Guyane ont montré une réelle volonté d'allier la protection et le développement socio-économique.

Il est donc nécessaire de les encourager et de les poursuivre, et c'est à l'Homme de trouver un juste compromis entre la satisfaction de ses besoins vitaux et la protection de cet écosystème.

Une interrogation subsiste. C'est celle d'approcher la réelle et meilleure compétitivité des produits dérivés du bois.

Conférences juniors 3e année

L'exposé de la troisième année avait pour thème « Le commerce international du bois ». La problématique retenue : « Quelle place la Guyane occupe-t-elle dans le commerce international du bois ? ».

Crédit photo filière SEG

Tout d'abord quelques chiffres :
En 2000 : le secteur bois représentait 0,05 % du PIB guyanais, soit 1,5 million d'euros.
En 2007 : le volume des exportations était de l'ordre de 397 millions d'euros alors que celui des importations était quant à lui de 385 millions d'euros.
Par conséquent, en 2007, la balance commerciale était positive de 12 millions d'euros.
Les exportations de produits bois de seconde transformation ont représenté en Guyane en 2006, en termes de PBS (Produits bois secondaire), 2 800 €, ce qui reste négligeable.
Les importations, quant à elles, étaient de l'ordre de 12,3 millions d'euros.
Cependant, l'importation en Afrique : 360 millions d'euros ; Asie : 3,96 milliards d'euros ; Amérique latine : 5 millions d'euros.

Le volume mondial du sciage exporté en 2007 fut de 9,35 millions de mètres cubes. Le volume de sciage exporté guyanais a été de 500 m^3.

On constate qu'il y a deux maillons faibles en Guyane : l'exploitation forestière d'une part et la 2e transformation.
Trois atouts majeurs méritent d'être retenus :
– Le potentiel forestier (quantité, variétés des essences).
– Le marché local en pleine expansion à satisfaire.
– La forte demande de produits dérivés du bois de l'exportation.

Quatre conditions impératives sont implicites :
– La gestion durable de la ressource en bois.
– L'assurance d'une formation technique pertinente pour faire face aux problèmes de recrutement de la filière.
– L'intégration des nouvelles techniques de valorisation du bois.
– La structuration de la filière et la fédération des entreprises.

Conférences des majors (Mme Bonjour, M. Lecoeur)

Crédit photo filière SEG

Conférences des majors (M. Lecoeur)

Crédit photo filière SEG

Plusieurs textes règlementaires récents portent sur la gestion durable des forêts :

Le code forestier en Guyane qui date d'août 2005 ainsi que les deux décrets d'août et de novembre 2008, l'un délimitant les terrains à boiser et l'autre qui est un texte de loi sur le code forestier.

Conférences des majors (M. Talagran, Scierie du Larivot)

Crédit photo filière SEG

Nous pouvons noter tout de même qu'en Guyane le marché domestique est demandeur et que les scieries ne peuvent pas répondre totalement à la demande. De plus, il y a une difficulté à trouver du personnel qualifié. Elles travaillent en collaboration avec l'ONF. L'approvisionnement s'effectue sur le massif de Bélison et Régina. L'autorisation va jusqu'à la coupe maximale de 18 000 m^3 par an.

Conférences des majors (Mme Bonjour)

Crédit photo filière SEG

La conférence a porté sur la problématique : « Une filière atypique en France et en Europe comme en Amérique du Sud ».

Au niveau de la production, les sciages sont destinés au marché local de la Guyane. La Guyane est la seule filière productive de bois tropicaux en France et en Europe. La production doit répondre aux exigences règlementaires alors qu'elles ne sont pas toujours applicables en l'état. Sur le continent sud-américain, des pays voisins sont des grands producteurs de bois tropicaux (Brésil...).

Conférences des majors (Mme Ambroise, M. Bantan)

Crédit photo filière SEG

Haïti connait un problème de déboisement. Le bois est sa principale source d'énergie (le bois de chaux, le charbon). Il est utilisé pour le nettoyage à sec, la plantation, les transports agricoles. Haïti possède un parc naturel avec plus de 3 500 espèces de plantes, nombreuses sont médicinales.

Concernant les traditions, la végétation est utilisée pour des rituels « vaudou », afin de guérir. Cela a été instauré par les ancêtres qui la vénéraient pour donner suite à des idées de protectionnisme. Au niveau des institutions, ce n'est que très récemment qu'un ministère de l'Agriculture a été mis en place en Haïti mais très peu d'intérêt lui est porté. Mme AMBROISE a renchéri en expliquant que le bois était en osmose avec la culture haïtienne.

Sortie sur le terrain

Crédit photo filière SEG

En effet, après les conférences, la visite en entreprise s'avère nécessaire. Elle correspond à la partie pratique de tous les points théoriques abordés lors des deux premiers jours. En général, un site propice au domaine est choisi. Les étudiants étant en nombre important, pour des raisons de sécurité et afin d'assurer une gestion efficace de groupe, ils sont répartis sur plusieurs sites différents. Ces sites ont été sélectionnés car ils correspondaient au thème d'une part, et à l'acceptation de l'entreprise d'autre part.

Crédit photo filière SEG

La visite a lieu sous l'égide de l'intervention d'un ouvrier. Une autre partie a effectué une visite au sein de l'entreprise la « CBCI ». La principale activité de cette entreprise est la charpente. Ainsi, ils ont pu connaitre les machines permettant de raboter le bois. Ils ont également pu observer le cycle du bois. Celui-ci arrive en planche, suit un processus, et par la suite, est stocké avant d'être posé et/ou vendu.

Enfin, la dernière partie des étudiants a eu l'opportunité de visiter la Scierie du Larivot. Cette équipe a été accueillie par M. Talagran en personne. Tout d'abord, ils se sont rendus sur les sites d'arrivée des grumes : le parc à grumes. Ils ont pu constater que ces grumes étaient rangées par catégorie de bois et numérotées selon leur parcelle d'origine.

Après ils se sont rendus aux machines car les grumes quittent le parc pour la scie à ruban qui est chargée de faire des planches. Ces grumes sont déplacées par un bulle chargeur.

Ces planches sont ensuite conduites à la déligneuse qui découpe les planches en section. Celles-ci seront ensuite amenées à la raboterie pour transformer ces planches soit en frises à volet ou en parquets.

Crédit photo filière SEG

À la fin de ce processus, les planches sont stockées en attendant d'être vendues. Cependant, le chef d'entreprise a pu expliquer que les stocks étaient infimes et n'étaient pas suffisants pour répondre immédiatement à la forte demande étant donné que leurs capacités de production étaient au maximum. Ainsi, il était préférable de passer commande environ 2 semaines à l'avance.
Les étudiants ont pu inspecter le travail de l'affuteur qui passe ces journées à vérifier l'état des lames de la scie et des couteaux des raboteuses afin de les affuter si nécessaire.
Les visites terminées, les étudiants se sont rendus à Matiti Paradise pour le moment de détente et de déjeuner. Le retour au campus s'est effectué vers 15 h 30.

Soirée de clôture

Elle était prévue à 19 heures. Cependant, à cause des problèmes techniques, elle a débuté aux alentours de 20 h 15. Elle a eu lieu au campus Saint-Denis dans la salle polyvalente.
L'animateur de la soirée était Tano BRASSE. Cependant, par suite de son absence (à cause d'un autre engagement) ce sont les étudiants de la filière SEG qui ont pris la relève à savoir Mlle Mathurin Anne-Laure et Bantifo Carino.
Le groupe organisation s'est chargé de l'accueil ainsi que de la distribution du buffet. La salle a été organisée en forme de cabaret.

Ainsi « le public » pouvait profiter du spectacle, tout en appréciant le buffet.

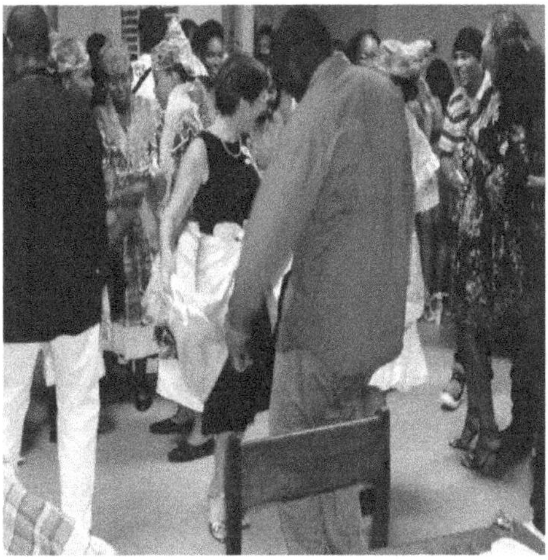

Crédit photo filière SEG

Au cours de la soirée, plusieurs artistes se sont succédé. Nous avons pu apprécier la présence d'un groupe folklorique (WAPA) qui a su donner vie à la salle en invitant le public à danser. Les étudiants ravis ainsi que les professeurs se sont donc prêtés au jeu qui a eu un véritable succès.

Après cette intervention, plusieurs chanteurs ont enchaîné par du zouk, de la dance hall, rap. Pour animer l'ambiance, les tirages de la tombola ont eu lieu à divers moments de la soirée. L'effervescence était à son comble car tout le monde souhaitait obtenir au minimum un lot.
Durant le courant de la soirée, des projections ont eu lieu. Dans ces diapositives, nous avons observé la présence de nos différents sponsors, ainsi que les photos prises durant les journées d'entreprise. À la fin de la soirée, nous avons procédé à la remise des prix des exposés :
– le premier prix a été décerné aux étudiants de la 1re année ;
– le second prix a été attribué à la 3e année ;
– le troisième prix a été remis aux étudiants de la 2e année.

Les journées ont été un véritable succès dans l'ensemble. Tous les étudiants y ont participé pleinement avec beaucoup d'enthousiasme. Chacun a mené sa mission à terme et dans de très bonnes conditions, d'où le succès une fois de plus de la manifestation qui a pris de l'ampleur. À travers la Journée de l'entreprise, les étudiants ont découvert le contexte d'une branche de l'économie de Guyane. La filière bois comprend trois familles d'activités : l'exploitation forestière, les activités de première transformation et celle de la seconde transformation.

– L'exploitation forestière consiste principalement en la mobilisation des bois en forêt (abattage, débardage) et à leur transport en scierie, en la gestion et en la valorisation forestière.
– Les activités de première transformation produisent des sciages soit directement utilisables, soit pour diverses activités secondaires industrielles ou artisanales. Les activités de rabotage, profilage, séchage, et négoce de produits en bois pour la construction sont également des activités de 1re transformation.
– Les activités de seconde transformation utilisent le bois ou les produits issus de la première transformation pour effectuer des travaux de menuiserie, d'ébénisterie, de charpente (la fabrication de papier/cartons et de panneaux de bois, relativement répandue dans ce type d'industrie, n'est pas développée en Guyane).
L'industrie du bois se rapporte essentiellement aux activités de la 1re transformation. En raison de l'interdépendance entre les activités de 1re et de 2e transformation, il est important de situer les aspects du marché :
– À l'international, 3,9 milliards d'hectares couvrent près de 30 % du globe. Les forêts assurent (selon l'ONU) les revenus d'environ 350 millions d'habitants et fournissent, à travers les industries forestières, environ 100 millions d'emplois.
– Au niveau national, 300 000 personnes participent directement à l'exploitation du bois et à sa transformation. Le secteur forestier est d'une importance notoire pour la France, sa surface boisée est de 15 millions d'hectares.
– Au niveau régional, 850 000 hectares de forêts aménagées (divisés en 54 massifs distincts) sont dédiés à la production forestière sous l'égide de l'ONF et donnent lieu à un aménagement forestier progressif. 31 entreprises d'exploitation forestière produisent 60 000 à 65 000 m^3 de bois d'abattage par an pour un potentiel de 80 000 m^3. 3 essences (l'Angélique, le Gonfolo, le Grigon Franc), sur 80 utilisées, représentent 70 % de la récolte. Le prix moyen de vente de bois sur pied (hors bois précieux) se situe entre 12 et 17 €/m^3.

– La première transformation
L'industrie de première transformation comprend 30 unités de sciages dont 16 pratiquent l'exploitation forestière. 6 unités assurent plus de 90 % de la production. 175 à 185 emplois ont été recensés. L'activité de sciage produit 25 000 à 30 000 m^3 de sciages et équarris, ce qui correspond à un rendement qui se situe entre 40 et 45 %. Ce rendement

de l'activité de sciage est jugé insuffisant d'autant que le manque de diversité des essences défavorise la régularité de la production et limite les exportations.

Environ 80 % de la production est écoulée sur le marché local, les entreprises de charpente et de menuiserie sont les principaux clients. Le chiffre d'affaires de cette activité s'élève à 15 millions d'euros.

– La seconde transformation est dynamisée par les entreprises de la seconde transformation qui sont essentiellement de type artisanal. Environ 185 entreprises sont recensées et près de 500 emplois. On dénombre +145 entreprises de charpente et de menuiserie pour 300 personnes, +40 ateliers d'ébénisterie et de tournerie employant 180 personnes. La production est absorbée en quasi-totalité par le marché local. Les professionnels écoulent leur production en priorité sur le marché artisanal de la menuiserie et de l'ébénisterie. La production de seconde transformation est assez fluctuante car elle dépend fortement du marché de la construction et, par voie de conséquence, de la commande publique. Elle est également soumise à l'irrégularité des approvisionnements en bois secs issus de la 1re transformation.

Conclusion

Il est fort intéressant d'organiser une manifestation de rencontre estudiantine au sein de la filière SEG pour rencontrer les acteurs du champ de l'industrie. Elle permet de confronter les étudiants aux réalités qui renforcent la connaissance académique. Les étudiants découvrent qu'il n'y a pas réellement de profil type pour être chef d'entreprise, la motivation à l'entrepreneuriat est déterminante. Nous pouvons rajouter que toutes les difficultés rencontrées fortifient et rendent plus apte à déployer des activités. La Journée de l'entreprise est très bénéfique pour les étudiants, car elle permet de comprendre de quoi relève réellement le travail de l'entrepreneur et le fonctionnement de l'industrie.

Atelier de travail des JE

Crédit photo filière SEG

Wilson Delimeau, Magdala Gry, Cory Fang A Song, Aminata Martinot, Anne-Laure Mathurin, Elie Laborieux et Carino Bantifo ont été formés dans la filière SEG de l'université de Guyane. Ils poursuivent actuellement leur carrière professionnelle.

Amazonie

Chronique

Le système de santé français, ses finalités et la Guyane

Nestor Radjou

Résumé Le système de santé français a connu, avec la loi HPST de 2009 et surtout celle de la modernisation de 2016, un changement radical d'orientation. Il est passé d'une pratique d'offre hospitalière et médicale à une approche de prévention sanitaire, de satisfaction de la demande de santé et de démocratisation. En particulier, la loi de modernisation a rendu obligatoire la mise en œuvre d'une stratégie nationale de santé, laquelle doit se décliner et s'adapter à chaque territoire. Ainsi, en 2018, le gouvernement français a défini son plan Stratégie nationale de santé 2018-2022, dénommé « Ma Santé 2022 ». L'objet de ce papier consiste à examiner, avec du recul au regard des évolutions d'entre-temps, la problématique de la santé et d'entrevoir des effets sur la Guyane.

Abstract The French health system has undergone a radical change of direction with the HPST law of 2009 and especially the modernization law of 2016. It has moved from a practice of hospital and medical provision to an approach of health prevention, satisfaction of health demand and democratization. In particular, the modernization law made the implementation of a national health strategy mandatory, which must be broken down and adapted to each territory. Thus, in 2018, the French Government defined its 2018-2022 health strategy plan, called “Ma Santé 2022”. The purpose of this paper is to examine, with hindsight in light of developments in the meantime, the health issue and to foresee effects on Guyana.

Mots-clés : Système de Santé, offre hospitalière et médicale
Keywords: Health system, hospital and medical provision

Introduction

La santé est un élément essentiel du bien-être des individus, et, à ce titre, le système de santé peut être conçu en termes de satisfaction de besoins de santé, et donc d'ajustement territorial des offres et des demandes attachées aux populations des territoires. Toutefois, il convient de distinguer la demande de soins qui renvoie à la prévention, au diagnostic et à la thérapie, de ses dérivés tels que celles liées aux produits de santé (*médicaments, équipements*).

– La demande de soins se caractérise alors par l'identification des pathologies et des risques sanitaires associés aux populations et aux territoires. Divers facteurs sont en cause, notamment la géographie, le climat, la structure sociale (*composition, précarité, tradition*), l'environnement (*accessibilité, assainissement, eau potable*). La réduction des risques sanitaires ne relève pas que du secteur de la santé, mais aussi du niveau de développement et des politiques publiques. Les demandes locales peuvent dès lors être très variées d'une population à une autre ou d'un territoire. C'est particulièrement le cas en Guyane.

– L'offre de soins, qu'elle soit publique ou privée, relève pour l'essentiel de la compétence de l'État, qui la structure, à partir de la distinction entre le public, le privé, l'hospitalier et l'ambulatoire. Il y a ainsi quatre secteurs d'offre de soins :

- Le secteur hospitalier public (*hôpital, Centre délocalisé de prévention et de soins*)
- Le secteur hospitalier privé (Hôpital-Clinique)

- L'ambulatoire public (*Centre de santé, Maison de santé, Centre de protection maternelle et enfantile*)
- L'ambulatoire privé : les professions libérales (*médecin, infirmier*)

Il en résulte que le marché de la santé, lorsqu'il existe, n'est pas un marché concurrentiel, mais régulé par l'État.

L'organisation du système français, d'abord cloisonné et centré sur l'hôpital et le traitement des maladies chroniques et aiguës, s'est progressivement recentrée vers la régionalisation et la modernisation des parcours de soins et de prévention des risques sanitaires.

1. Régionalisation et modernisation

L'approche territoriale du système de santé français s'inaugure en 1970 avec la loi Boulin qui initie la Planification territoriale par la création de la cartographie sanitaire. Cette loi est suivie, d'abord de la création de l'Observatoire régionale de la santé (ORS) dans les années 1980, pour répondre et s'adapter aux besoins, puis par la loi Evin-Durieux (1991) qui introduit le Schéma régional d'organisation de la santé (SROS) et les Conférences sanitaires de secteurs (CSS). Ensuite, par l'ordonnance de 1996 d'Alain Juppé, les régions sont dotées de la compétence de gestion sanitaire comme l'Agence régionale hospitalière (ARH), l'Union régionale des caisses d'assurance maladie (URCAM), l'Union régionale des médecins libéraux (URML). Elle organise également des filières, des réseaux de soins à partir de médecins généralistes et introduit les Contrats pluriannuels d'objectifs et de moyens. Puis, en 2004, la loi Santé publique fixe des objectifs prioritaires de santé, met en place le Groupement régional de santé publique (GRSP) et l'élaboration du Plan régional de santé publique (PRSP). Mais toutes ces innovations restent essentiellement axées sur l'hospitalier et le médical.

Les années 2000 rompent avec cette vision hospitalière de l'organisation sanitaire en plaçant la santé des individus et les territoires au centre de ses préoccupations. D'abord, en 2009, avec la loi Hôpital, patient, santé et territoires (HPST), ensuite, en 2016, avec la Loi de modernisation du système de santé (LMSS) dont l'article 56 rend obligatoire la mise en œuvre d'une Stratégie nationale de santé (SNS), concrétisée par le plan « Ma santé 2022 » et la SNS 2023-2033 en cours, c'est le temps de la confirmation d'une nouvelle approche.

1) La loi HPST

Elle réorganise en profondeur le système de santé en redéfinissant le secteur sanitaire et médico-social dont elle réaménage l'offre de soins dans le but de la rendre accessible à tous. À cette fin, la loi se déploie en quatre axes :

– Elle refonde la gouvernance hospitalière en renforçant le rôle du directeur, en faisant du président de la Commission médicale (*un médecin élu*) le coordonnateur, avec le directeur de la politique médicale de l'établissement et en permettant la création de communautés hospitalières de territoire afin de pouvoir mutualiser les moyens.

– Elle vise à garantir une meilleure répartition des médecins avec le Contrat d'engagement de service public (CESP) et d'améliorer l'accès aux soins (*permanence régionale de soins*).

– Elle introduit des mesures de santé publique et de prévention (*interdiction de vente d'alcool, de cigarettes*), ainsi que la mise en place de dispositifs d'éducation thérapeutique des patients.

– Elle crée les Agences régionales de santé (ARS) qui se *substituent alors à l'ARH, la DRASS, le GRSP, l'URCAM*, dont la mission est d'adapter et de piloter, dans sa région, la Politique nationale de santé publique (PNSP), ainsi que de réguler l'offre de soins, notamment à travers la mise en œuvre d'un Plan régional de santé (PRS).

Dans cette perspective, l'offre de santé peut alors se présenter sous diverses formes nouvelles de structures.

Le PANORAMA des STRUCTURES de SANTÉ d'avant 2016			
Structures	Définition	Forme	Objet/Observation
Réseau de santé art. L6321-1	Constitué entre professionnels de santé libéraux, médecins du travail, établissement de santé, GCS, centre de santé… pour favoriser l'accès aux soins, la coordination, la continuité ou l'interdisciplinarité des prises en charge sanitaires…	Peut se constituer en : - Groupement de coopération sanitaire, d'intérêt public ou d'intérêt économique - Association	Contribue à une prise en charge adaptée aux besoins d'éducation, de santé, de prévention, de diagnostic et de soins d'une population.
Centre de santé art. L6323-1	Structure sanitaire de proximité dispensant principalement, sans hébergement, des soins de 1er recours (encadré par un projet de santé). Ses médecins sont des salariés.	Ils sont créés et gérés par des organismes à but non lucratif : Collectivités territoriales (ou EPIC) Établissement de santé.	Activités et fonctions encadrées par décret
Maison de santé art. L6323-3	Constituée par des professionnels médicaux, auxiliaires médicaux ou pharmaciens qui assurent, sans hébergement, des activités de soins de 1er (voire 2e) recours.	Personne morale (Asso., SISA, SCM…). Sous forme de SISA, le projet médical commun est annexé au statut.	Peut participer à l'action publique de prévention, d'éducation… dans le cadre d'un projet qui respecte le SRS.
Groupement de coopération sanitaire de moyen (GCSM) art. L6131-1	Le GCSM a pour objet de faciliter, de développer ou d'améliorer l'activité de ses membres. Peut être constitué pour organiser et gérer des activités administratives et techniques, ainsi que pour réaliser ou gérer des équipements d'intérêt commun. Le GCSM est à but non lucratif.	Peut être constitué par des établissements publics ou privés de santé, des établissements médico-sociaux, des centres de santé, des maisons de santé, des personnes physiques ou morales exerçant une prof médicale à titre libéral. Il comprend au moins	Le GCSM peut être constitué avec ou sans capital. Sa convention constitutive, signée par l'ensemble de ses membres, est soumise à l'approbation du DG de l'ARS.

		un établissement de santé.	
Pôle de santé art. L6323-4 (abrogé en 2016)	Constitué de professionnels de santé (d'un même territoire) … Il assure des activités de soins de 1er (voire 2e) recours et peut participer aux actions de prévention, de promotion, de sécurité…	HPST a reconnu son existence mais sans lui imposer l'obligation d'élaborer un projet. Aussi, la LMSS l'a supprimé et remplacé par CPTS en : – exigeant l'élaboration d'un projet ; – précisant et étendant son objet (champ d'activité) ; – octroyant des possibilités de missions de service public et de financement.	
Communauté hospitalière de territoire (CHT) art. L6132-1 (réécrit en 2016)	Établissements publics de santé, peuvent conclure des conventions en vue d'une stratégie et d'une gestion commune de certaines fonctions et activités	Une innovation de la loi HPST, sous forme de convention de coopération, reprise et remodelée en CPTS par la LMSS qui exige que tout établissement de santé d'un même territoire fasse partie d'un CPTS.	

Pour autant, en 2016, le système de santé reste injuste, peu efficace et inadapté aux évolutions sociales, de sorte qu'il apparaît indispensable de le moderniser en redéfinissant la PNSP et ses moyens d'action. C'est l'objet de la Loi de modernisation du système de santé (LMSS).

2) La loi LMSS

Plus qu'une panoplie de mesures, la loi LMSS exprime l'affirmation de « grands principes » articulés autour de trois axes d'innovation :

- Innover pour rendre le système plus juste et plus efficace.
- Innover dans l'organisation des soins pour passer d'un système cloisonné, trop centré sur l'hôpital, à une médecine de parcours et de proximité, organisée autour du patient.

- Innover en matière de prévention, et de démocratie sanitaire, en permettant aux Français de s'informer, de décider, de se défendre.

Concrètement, pour l'égalité des soins, la loi entrevoit trois orientations :

– Le renforcement de la prévention avec le parcours éducatif de santé, la lutte contre le tabagisme, le plan santé environnement.
– La réorganisation territoriale de l'offre de soins (*soins de proximité, prise en charge et structuration des parcours, regroupement et coordination de l'exercice médical).*
– Le développement des droits des patients.

Pour sa mise en œuvre, la loi rénove la politique nationale de santé dans une perspective territoriale et démocratique en remodelant la gouvernance sanitaire, tant au niveau national que territorial.

– S'agissant de la gouvernance nationale, elle indique que la PNSP est du ressort de l'État, lequel doit l'élaborer et procéder à la consultation publique avant qu'elle soit soumise au vote du Parlement. Cette politique doit garantir le droit à la santé de chacun et sa finalité doit être d'améliorer l'état de santé de la population, notamment en réduisant les inégalités sociales et territoriales de santé. Pour cela, l'État se doit de tenir compte des spécificités géographiques, démographiques et d'associer les usagers à son élaboration. En outre, la loi précise que cette politique de la santé doit être conduite dans le cadre d'une Stratégie nationale de santé (SNS), qui en fixe les priorités.

– Au plan régional, elle charge l'ARS du pilotage de la politique nationale de la santé, dans sa région. En particulier, en concertation avec les acteurs locaux, l'agence doit décliner et adapter la SNS au contexte de la région, un projet régional, la cartographie, les besoins des territoires de santé.

Par ailleurs, la LMSS attribue aux professionnels de santé une mission de santé publique (*actions de prévention, de dépistage*) et introduit de nouveaux outils de structuration, de coordination et coopération sanitaires.

PANORAMA des Nouvelles STRUCTURES de SANTÉ de la LMSS			
Structures	Définition	Forme	Objet/Observation
Équipe de soins primaires (ESP) art. L1411-11-1	Des professionnels de santé regroupés autour de médecins généralistes pour assurer les activités de soins de recours sur la base d'un projet de santé	Peut être informel ou avoir la forme : • Maison de santé • Centre de santé	Contribuer à améliorer la coordination des soins et structurer les parcours de santé des patients
Communauté professionnelle territoriale de Santé (CPTS) art. L1434-12	Composée de professionnels de santé regroupés autour d'un projet de coordination de leur action et qui concourt à la structuration des parcours de santé et à la réalisation des objectifs PRS	Pas de forme juridique exigée. Peut prendre la forme d'EPS, d'acteurs assurant des soins de 1er et 2e recours, d'acteurs médico-sociaux…	Le projet santé précise le territoire d'action et est transmis à l'ARS. La CPTS se substitue au pôle de santé
Groupement hospitalier de territoire (GHT) art. L6132-1	Regroupe des établissements publics à partir d'un projet médical pour mutualiser les stratégies et les moyens	– Pas de personnalité morale exigée – Tout établissement doit faire partie d'un GHT	Supprime et remplace les CHT

Plate-forme territoriale d'appui (PTA) art. D 6327-3/4	Pour répondre à un besoin de soutien des professionnels de santé, l'ARS peut constituer à leur attention une ou plusieurs PTA, sur la base des initiatives des acteurs du système de santé relevant des secteurs sanitaires, sociaux et médico-sociaux. Le recours à la PTA, qui propose un service polyvalent (*information, orientation, gestion des cas complexes, aide à l'organisation des parcours*), est déclenché par le médecin traitant.

Aussi, comme prévu par la LMSS, l'État a défini le 29 décembre 2017 sa SNS pour la période 2018-2022. Cette stratégie, d'une part, impose que les diverses politiques publiques (*nationales et régionales*) intègrent dans leurs composantes les objectifs de santé qu'elle préconise, et notamment :

- La promotion de la santé dans tous les milieux (*comportement, conditions de vie*)
- La lutte contre les inégalités sociales et territoriales d'accès à la santé (*prévenir, accompagner*)
- La qualité, la sécurité et la pertinence des prises en charge, à chaque étape, du parcours de santé (*adapter l'offre de santé, la formation)*
- L'innovation sanitaire pour transformer le système de santé autour du patient (*soutenir les innovations, les organisations innovantes, la numérisation*)

Par ailleurs, la loi renvoie les modalités de sa mise en œuvre à un plan national de santé publique dont l'objet est d'assurer la cohérence et le cadrage des programmes et projets de santé nationaux et régionaux.

Malgré ces avancées, la transformation du système de santé reste freinée par des anciennes pratiques et procédures globalement inadaptées. Aussi, pour lever certains de ces obstacles, dus à la rigidité règlementaire en matière d'innovation, d'organisation et de financement, l'article 51 de la LFSS-2018 introduit, à titre expérimental, des possibilités de dérogation législatives pour faciliter, à travers des initiatives publiques et privées, nationales ou régionales, l'émergence de nouvelles formes d'organisation et de financement.

Dans cette perspective, et comme prévu par la loi, la SNS 2018-2022, dénommée, le plan « Ma santé 2022 », vient compléter cet effort de rénovation du système de santé.

2. Le plan « Ma santé 2022 »

Prévu par la LMSS, la Stratégie nationale de santé 2018-2022, dénommée « Ma santé 2022 » vise à approfondir les démarches de réforme.

D'abord, il présente un même constat, partagé par tous : la société change et l'évolution du système se heurte à l'existence de diverses tensions. En particulier, elles sont les suivantes :

– Les difficultés d'accès aux soins (*saturation des cabinets médicaux, des services d'urgence et des établissements médico-sociaux*).
– Les conditions d'exercice (*charges administratives, cloisonnement, aspiration à des pratiques différentes et coopératives*).
– Les contraintes financières liées aux vieillissements, aux nouvelles technologies.

Puis, il considère que le modèle en cours est inadapté car le système observe les aspects suivants :

– Il prévient mal (*avec comme conséquence trop de pathologies lourdes, d'actes inutiles*).
– Il est atomisé, cloisonné et déséquilibré (*exercice isolé, concurrence, discontinuité hôpital-ville*).

– Il repose sur des modes de rémunération qui incitent à la course à l'activité et à l'acte.
– Il conduit l'hôpital à concentrer d'importants dysfonctionnements.

Finalement, pour y remédier, il entrevoit une série de mesures articulées à travers deux axes et trois orientations :

Axe 1 : Mieux prévenir.

Aux mesures déjà adoptées (*vaccination obligatoire, lutte contre le tabac, dépistage cancer, prise en charge des soins optiques, dentaires, auditifs, petit déjeuner à l'école*), s'ajouteront 40 000 étudiants qui vont s'investir dans la prévention en milieu scolaire, dans les zones rurales, les quartiers défavorisés.

Axe 2 : Bâtir un système de soins fluide et coordonné au service du patient.

Sur chaque territoire, il envisage de décloisonner, de structurer en réseau et de coordonner l'ensemble de l'offre de soins. Il s'agit de construire un réseau de soins de proximité dont feront partie tous les professionnels de santé d'un territoire. En d'autres termes, il envisage de façonner une offre territoriale collective de soins qui rassemble hospitaliers et libéraux en vue de garantir un accès permanent aux soins (*programmés ou non*).

Cette réorganisation du système de soins (*de son modèle économique*), autour du patient, reposera sur trois orientations et une série de mesures. À savoir :

– La première orientation est de garantir l'accès aux soins. Pour accueillir plus de patients, il faudra :

– Mieux former suffisamment de médecins (*suppression du numerus clausus à la rentrée 2020 et retour au droit commun avec la création de passerelles dans les études*)
– Libérer du temps médical en déchargeant les médecins de certaines tâches et en optimisant la répartition des compétences (*décharge d'actes qui peuvent se faire par d'autres – vaccination par les pharmaciens –, création de 4 000 postes d'assistants médicaux pour les médecins, dès lors qu'ils exercent de manière regroupée et s'engagent sur des objectifs et des résultats telle la prévention, l'augmentation des consultations, les actes non programmés*).

– Favoriser et orienter, par des incitations financières, l'installation des professionnels de santé dans les zones défavorisées (*développement de maison de santé, installation collective*). Dès 2019, 400 postes supplémentaires de médecins généralistes, à exercice partagé ville/hôpital, seront disponibles pour les territoires prioritaires.

La deuxième orientation vise à faire de la structuration des soins de proximité. C'est une priorité. Pour décloisonner le système hospitalier du système libéral, il convient de faire de la coordination, la référence (*disparition de l'exercice isolé en 2022*). À cette finalité, les éléments sont les suivants :

– Accélérer la mise à jour de l'architecture numérique dans les territoires et promouvoir l'intelligence artificielle (*pour communiquer, coordonner, partager... Aussi, le dossier médical partagé sera rendu opérationnel au niveau national dès novembre prochain*).
– Organiser les urgences de ville et structurer l'offre de télémédecine.
– Utiliser le cadre de la Communauté professionnelle territoriale de santé (CPTS) pour établir le lien entre les établissements de santé et le secteur médico-social et faire en sorte que tous les professionnels d'un territoire s'engagent à travailler ensemble. Ces CPTS devront couvrir tout le territoire d'ici au 1er juillet 2021.
– Passer d'une rémunération à l'acte à un forfait par population pour les professionnels de santé qui le souhaitent.

La troisième orientation consiste à garantir la qualité des soins partout. À cette fin, il est prévu la réorganisation du secteur public par la graduation des établissements en trois niveaux d'expertise de soins, chacun se concentrant sur les soins pour lesquels il est le plus pertinent :

- Les établissements de proximité pour les soins de proximité (*médecine, gériatrie, réadaptation*).
- Les établissements spécialisés pour les soins spécialisés (*chirurgie, maternité, médecine spécialisée*).
- Les établissements ultraspécialisés pour la médecine de pointe.

Pour les établissements publics, cette graduation des activités s'organisera autour des Groupements hospitaliers de territoires (GHT) à savoir :

– Faire évoluer le mode de financement pour sortir de la tarification à l'activité ou à l'acte **(T2A)**. L'incitation financière à la qualité bénéficiera dès 2019 d'une enveloppe de 300 millions d'euros et le financement forfaitaire sera expérimenté avec sa création pour deux pathologies chroniques : le diabète et l'insuffisance rénale chronique (*ils obligeront l'hôpital et les professionnels libéraux à se coordonner et partager une rémunération forfaitaire*).
– Remettre le médecin au centre de la gouvernance de l'hôpital. La Commission médicale d'établissement sera mieux associée aux décisions médicales.
– Moderniser le statut de praticien hospitalier et faire tomber les cloisons : pouvoir passer d'un exercice en ville ou à l'hôpital, promouvoir l'exercice mixte.

Ce plan s'est achevé en 2022. Sa mise en œuvre s'est heurtée à la pandémie de la Covid-19 et son bilan est mitigé. Depuis, la stratégie nationale de santé 2023-2033 a pris le relais en mettant l'accent tout particulièrement sur le renforcement de la prévention, l'adaptation de l'offre et la prévention des risques sanitaires.

3. Les réflexions et les observations

Ce plan appelle de notre part diverses observations et réflexions sur le fond, notamment s'agissant de sa mise en œuvre en Guyane, dont on connait bien le contexte épidémiologique particulier.

CONTEXTE LOCAL ET ÉPIDÉMIOLOGIQUE		
Guyane	Contexte-Déterminants	Commentaires
Géographie	Climat chaud et humide Forêt tropicale primaire Éloignement – Isolement régional	Propice au développement des microbes et des parasites avec en plus des maladies endémiques et des pathologies spécifiques

		distinctes de celles de l'Hexagone
Population-Territoire	Faible population dispersée sur un vaste territoire mal et peu aménagé. De plus cette population est : - Hétérogène et clanique - Jeune, avec 43 % de < 20 ans - Imprégnée d'Illettrisme, d'Oralité et de Tabous… Elle subit une forte pression de l'immigration (*38 % d'étrangers*[3] *attachés à leur culture d'origine*)	Conditions et Mode de vie : - Bidonville - Existence d'eaux stagnantes - Difficulté d'accès à l'électricité, à l'eau potable - Des pathologies liées à l'immigration - Pollution - Assainissement
Économie	Faible productivité et condition « douteuse » de travail et d'hygiène	Niveau élevé de chômage, de précarité et d'inégalités
Gouvernance	Défaillante et logiques publiques inadaptées aux réalités locales	Absence de vision prospective, de stratégie adaptée et d'expertise territoriale organisée
Santé	Problèmes sanitaire et médical complexes : Conjugue maladies des pays pauvres (*paludisme, dengue…*) et celles des pays riches (*Cancer, AVC, maladies cardio-vasculaires, diabète …*)	Souffre de : - Pénuries de personnels compétents - Insuffisances d'infrastructures

[3] Source : INSEE, Panorama de la population immigrée en Guyane (sept. 2012). Malheureusement, par sa nature, l'immigration en Guyane est plus un facteur d'appauvrissement que d'enrichissement. En général, les immigrés fuient la misère, ont un faible niveau d'éducation et viennent en Guyane pour bénéficier des avantages sociaux (RSA, santé, école), mais restent attachés à leurs langue et culture d'origine.

	Maladies endémiques et pathologies spécifiques non prises en compte	et équipements sanitaires - Difficultés d'accès aux soins

Bien que le diagnostic, certes assez superficiel, paraisse pertinent et qu'on puisse se réjouir des avancées, il est cependant regrettable qu'il ne s'attaque pas en profondeur aux véritables racines des problèmes de santé des populations guyanaises, ni ne se donne suffisamment les moyens de ses ambitions. De plus, avec la valorisation de l'initiative privée et de l'offre, la voie vers la concrétisation d'un modèle économique néolibéral (*qui subordonne la demande à l'offre*) se dessine, et interpelle.

1) Un constat, plus qu'une analyse en profondeur des difficultés

Les préconisations retenues pour ajuster l'offre de soins à la demande ne semblent pas résulter d'une analyse rigoureuse des défaillances du système de santé, ni des déterminants de la demande de santé. Aucune évaluation des besoins de santé (*la demande*) sur les territoires n'est mentionnée. Sinon on n'attribuerait pas la saturation de l'offre de soins et les difficultés d'accès aux soins à la seule pénurie de médecins et à une surcharge de leurs activités. Il est pourtant notoire que les conditions de vie, l'aménagement des territoires, l'urbanisation des cités, les mentalités interviennent et jouent un rôle crucial dans la formation de la demande et de l'offre de santé. Former davantage de médecins et libérer du temps médical ne suffiront donc pas à régler la question des déserts médicaux et de la démographie médicale, d'autant que l'@-santé (*réseaux, nanomédecine, l'intelligence artificielle, plate-forme, robotisation*) réclame davantage la qualité que la quantité.

De nombreux autres facteurs sont en cause et ne sont pas pris en compte. Sinon, comment expliquer que le Japon fasse mieux que la France ?

Stat 2014	France	Japon
Densité de médecins	310	240
Nombre de consultations par hab/an	6,3	12,8

Source : Drees, Dépenses de santé 2015/édit 2016, p. 140

Quand on sait qu'il faut 8 à 10 ans pour former un médecin, le recrutement de 400 médecins supplémentaires reste problématique et la suppression du numerus clausus ne pourra pas avoir d'effet dans l'immédiat, d'autant qu'aucun objectif n'est défini s'agissant des capacités et des moyens à mettre en œuvre dans les facultés de médecine. Quant à la création de la fonction d'assistant médical, elle existe déjà, en fait, sous d'autres formes et repose sur la bonne utilisation des outils informatiques.

Enfin, on ne peut pas réduire les difficultés du système de santé à sa mauvaise organisation et, par conséquent, nier les insuffisances d'infrastructures, d'équipements, de financements et de personnels.

2) Une simple restructuration de l'offre de soins

De toute évidence, « Ma santé 2022 » n'est pas un plan santé, comme suggéré, mais un simple plan de réorganisation des professionnels du soin (*le système de soins n'étant qu'une des composantes de l'état de santé d'une population*) axé sur une obligation d'exercice coordonné. Il vise, à partir des CPTS et d'une graduation des hôpitaux, à agglomérer les systèmes hospitaliers et libéraux territoriaux, autour de projets communs de santé, pour offrir dans chaque territoire une offre globale de soins. Mais cette graduation des hôpitaux ne saurait être opérationnelle sans une redéfinition de l'ambulatoire et l'implication des collectivités (*transport, habitat, action sociale*). Pourtant, ce plan n'inclut aucune mesure autour des déterminants sociaux et environnementaux de la santé et, de plus, ignore les acteurs locaux (*élus, associations*), les instances et les dispositifs de coordination, de maillage et d'innovation, lesquels constituent des leviers efficaces pour la transformation du système de santé. Il n'est fait aucune mention de régionalisation, ni de déconcentration, ni de décentralisation, pour répondre au plus près aux besoins des différents territoires. En outre, l'ouverture systématique des CPTS et des GHT au privé interpelle. Ne préfigure-t-elle pas des formes de privatisation ?

3) La numérisation du système

Interconnecter les systèmes de santé, les structurer en réseau d'échange et faire en sorte que tous les professionnels de santé coopèrent et travaillent ensemble pour offrir aux patients une offre territoriale collective de soins, requiert que l'on change les pratiques et les comportements et que l'on utilise de nouveaux outils appropriés. Ce qui ne peut se réaliser sans au préalable doter les territoires des infrastructures numériques nécessaires. Sinon, le déploiement de l'@-santé (*DMP, espace numérique personnel, consultation à distance, le digital*) risque de se traduire par l'accroissement des inégalités et l'isolement de certains territoires.

Cette évolution inéluctable du système de santé n'est que le corollaire de la révolution technologique en cours. On assiste à la numérisation, l'automatisation et l'autorégulation des sociétés et l'on rentre dans le monde des réalités virtuelles et de miniaturisation, où tout peut être numérisé et connecté.

Conclusion

L'objectif visé dans cette analyse était d'examiner la problématique de santé en Guyane à la lumière du déchainement des évolutions. Notre approche permet d'entrevoir les effets sur la Guyane.

L'évolution en cours actuellement interpelle. Imaginer un monde de demain où les cerveaux seraient connectés les uns aux autres, où chacun aurait alors accès à la connaissance, à la pensée, à la perception des autres, est passionnant. Le danger est qu'avec sa machine, le mathématicien Turing (1912-1954) démontrait qu'un ordinateur connecté à d'autres peut simuler le comportement des autres et en prendre le contrôle. Et donc, ce n'est pas une vue de l'esprit, car depuis plus d'un demi-siècle, c'est le monde prévisible de la recherche.

Aussi, la mission du modèle de santé ne peut faire fi de l'éducation, de la formation et de la participation des populations dans les implications qui les relient à la nature et aux pratiques d'une culture de santé. Les populations de Guyane seraient aptes à se gérer rationnellement avec leur environnement par des pratiques sociales, sanitaires et de santé.

Nestor Radjou est docteur en mathématiques de l'université Pierre-et-Marie Curie et docteur en sciences économiques de l'université Paris IX-Dauphine. Officier de l'ordre national du mérite, conseiller économique, social et environnemental au CESE à Palais d'Iéna à Paris de 2004 à 2010, auteur de nombreux articles économiques sur la thématique du développement dans les pays du plateau des Guyanes. Il exerce aujourd'hui des activités d'expertise.

Article

Sur le niveau d'activité et la performance comparée du développement entre la République dominicaine et Haïti

Sandy Alcenat

Alincia Franel

Résumé Lorsque l'on observe l'île doublet de la République dominicaine et d'Haïti, force est de découvrir que le taux d'activité est plus élevé en Haïti. Or, en termes de performance, les deux pays se différencient très fortement. L'objet de ce papier est de chercher à cerner leur niveau de performance et de développement.

Abstract When we look at the double island of the Dominican Republic and Haiti, we find that the activity rate is higher in Haiti. However, in terms of performance, the two countries differ greatly. The purpose of this paper is to identify their level of performance and development.

Mots-clés : Performance, développement, île doublet
Keywords: Performance, development, double island

Introduction

L'exemple de l'exportation des commodités comme les œufs de poules entre Haïti et la République dominicaine est révélateur de la dynamique d'activité et de la performance des acteurs économiques entre ces deux pays.

Le commerce international étant l'échange des biens et des services entre un ou plusieurs pays, alors on peut observer des faits constituant des éléments assez importants sur la valorisation de la monnaie. Notamment, entre 1980 et 2015, le commerce international a été multiplié par 7,8 d'après l'Organisation mondiale du commerce (OMC), tandis que le Produit intérieur brut (PIB) a été multiplié par 6,8 selon les chiffres communiqués par la Banque mondiale. Ce qui signifie que l'échange international occupe une place très importante dans les priorités des pays. Ainsi la balance commerciale, c'est-à-dire le rapport entre la valeur de l'importation et l'exportation, constitue l'un des principaux indicateurs de la performance dans les échanges. Nous pourrions jeter un regard sur les effets et les avantages d'un produit de la République dominicaine exporté vers Haïti. Ce sont les œufs de poules dominicains.

1. Le choc des œufs de poules en Haïti par la décision de taxation

La révolution haïtienne de 1986 qui a conduit au départ de Jean-Claude Duvalier, président à vie durant cette période, n'était pas sans conséquences économiques sur le pays. Le général Henri Namphy, son successeur, a dû prendre des décisions de court terme pour contenir et résister à la montée de la misère et de la pauvreté qui désarticulait le pays. La décision a été soldée par une aggravation de la situation sociale et économique. Parmi les décisions prises, l'annulation de la taxation de certains produits de première nécessité et des produits de consommation à cuisson rapide comme les œufs de poules a eu un effet retentissant. Cette taxation a évolué, puis a été ajustée au fil du temps pour arriver à une taxe officielle de la douane s'élevant à un montant de 150 gourdes par caisse d'œufs de 360 unités, soit 12,50 gourdes par plateau de 30 œufs (source MCI : Ministère du Commerce et de l'Industrie). La République dominicaine, pays voisin d'Haïti, a vite saisi l'occasion et a commencé à produire des œufs spécialement pour les exporter vers Haïti. Depuis cette période, le changement opéré est devenu profitable à la République dominicaine.

Le Nouvelliste, journal quotidien en Haïti, révèle que le marché haïtien des œufs de table est alimenté à 90 % par des œufs provenant de la République dominicaine, ce qui conduit à un chiffre avoisinant 1,2 million par jour. Le commerce formel d'œufs et de poulets entre les deux pays a rapporté en 2012, 24,24 millions de dollars US à la République dominicaine, soit 2,2 % de la totalité de ses exportations. Durant les années 2008 à 2012, ce produit ne représentait en moyenne que 1,04 % des achats haïtiens aux Dominicains.

La République dominicaine exporte 20 % de sa production d'œufs et de poulets, et presque la totalité de cette proportion destinée à l'extérieur est orientée vers Haïti. D'où, entre 2008 et 2012, Haïti a acheté 97 % et 99 % des exportations d'œufs et de poulets dominicaines, respectivement. En 2012, sur 14,12 millions de dollars US obtenus pour les exportations d'œufs, 14,09 millions de dollars étaient consommés en Haïti. Il en est de même pour le commerce de poules qui a rapporté pour la même année 10,12 millions de dollars, desquels 10,07 millions de dollars étaient écoulés en Haïti. En somme, pour ces cinq années, plus de 98 % des exportations de poules et d'œufs dominicaines ont été vendus à Haïti, l'importation dominicaine annuelle des œufs en Haïti étant de l'ordre de 240 millions de dollars. Les statistiques de la Banque centrale dominicaine montrent que « les œufs comme produit agricole ont enregistré une exportation de 7,78 millions de dollars et se sont exportés dans leur quasi-totalité vers le marché haïtien, ce qui explique qu'une perturbation en termes d'exportations de ces produits affecte gravement l'économie dominicaine et leur production agricole en particulier ». C'est pourquoi en 2013, lorsque l'État haïtien a pris la décision d'interdire l'importation de viande et d'animaux de la République dominicaine, à la suite d'une propagation de la grippe aviaire, le secteur a donc connu une chute de près de 86 %. À cette même époque, une étude réalisée par la Banque mondiale montrait que la République dominicaine fournissait à Haïti 30 % de ses exportations, et son commerce avec Haïti représentait 10 % du PIB.

En 2014, par suite d'un accord trouvé entre les deux pays afin de lever les interdits, la République dominicaine avait décidé de doubler ses exportations d'œufs en Haïti. Cette stratégie a consisté à pallier le manque de l'année précédente. Les exportations vers Haïti, avant l'interdiction de 2013, qui étaient de l'ordre de 30 millions d'œufs par mois, équivalents à 2,8 millions de dollars américains de vente, avaient doublé pour atteindre le niveau de 60 millions d'unités par mois, qui serait synonyme de 5,6 millions de dollars américains par mois (selon l'Association des producteurs d'œufs de la République dominicaine) (ASOHUEVO).

La situation d'instabilité en Haïti dès 2019 a influé sur les exportations dominicaines. La production subit les contrecoups à la baisse. *« Il y a 20 millions d'œufs qui devraient aller sur le marché haïtien mais qui, en raison de la situation dans ce pays, restent en République dominicaine et cela nuit aux producteurs »* selon le ministère du Commerce de la République dominicaine. Entre janvier et octobre 2019, les Dominicains ont vendu pour 403,5 millions de dollars US de produits en Haïti, ce qui représente une baisse de 41,6 millions de dollars, soit 9,3 % par rapport à la même période de l'année précédente lorsque la vente des produits dominicains dans le pays avait atteint la barre de 445,1 millions de dollars US, selon la Direction générale des douanes.

L'économie de la République dominicaine dépend principalement du commerce extérieur. Comme la plupart des îles de la Caraïbe, la République dominicaine a un déficit commercial structurel. D'où, la production des œufs est à l'origine d'un apport de devises considérable dans le pays. Cette dernière contribue à réduire les déséquilibres en valeur dans les échanges entre les deux pays.

2. Analyse comparée des indicateurs de développement

Notre analyse comparative de l'île doublet de la République dominicaine et d'Haïti s'appuie sur des indicateurs de développement à partir d'une base de données récoltées auprès de la Banque mondiale.

Nous sélectionnons les indicateurs suivants : le taux de croissance annuel du PIB, le PIB en dollars courants américains, le taux d'activité soit le pourcentage de la population totale âgée de 15 à 64 ans selon la modélisation du BIT (Bureau international du travail), l'espérance de vie et la croissance démographique.

Les tableaux qui suivent présentent les données de chacun des pays, avec, à la dernière ligne, la moyenne pondérée de chacun de ces indicateurs sur une période allant de 2006 à 2019.

République dominicaine				
Croissance du PIB (annuelle %)	PIB par habitant (dollars américains courants)	Taux d'activité total (% de la population totale âgée de 15 à 64 ans) (estimation modélisée du BIT)	Espérance de vie à la naissance, total (années)	Croissance démographique
9,174355	4109,034	61,76	71,041	1,325848
7,415952	4707,795	61,46	71,304	1,295179
3,209504	5087,983	61,94	71,559	1,268554
0,946155	5039,403	59,58	71,806	1,246753
8,339651	5555,392	61,43	72,046	1,228553
3,133423	5913,427	62,99	72,284	1,2108
2,717368	6110,367	63,69	72,523	1,192237
4,875205	6238,132	64,2	72,763	1,174338
7,050464	6608,826	64,58	73,003	1,157225
6,927019	6921,521	67,48	73,241	1,139483
6,6592	7280,884	67,84	73,471	1,12251
4,666705	7609,353	67,92	73,689	1,103486
6,982528	8050,644	69,84	73,892	1,078862
5,052168	8282,117	71,05	74,081	1,046621
5,510693	**6251,063**	**64,69714286**	**72,62164**	**1,185032**

Haïti				
Croissance du PIB (annuelle %)	PIB par habitant (dollars américains courants)	Taux d'activité total (% de la population totale âgée de 15 à 64 ans) (estimation modélisée du BIT)	Espérance de vie à la naissance, total (années)	Croissance démographique
1,768751	804,5245	65,13	59,028	1,612704
4,70653	1002,888	65,42	59,408	1,59824
2,658032	1086,938	65,72	59,782	1,580168
5,890379	1183,605	66,03	60,148	1,558057
-5,65151	1191,973	66,33	60,511	1,532103
5,098214	1287,955	66,65	60,879	1,50631
0,502424	1337,336	66,97	61,26	1,480055
4,324784	1432,838	67,28	61,658	1,450277
1,722566	1435,136	67,58	62,069	1,416131
2,562509	1386,854	67,87	62,485	1,37951
1,812468	1290,381	68,15	62,896	1,341395
2,510271	1369,064	68,42	63,29	1,30502
1,667811	1479,346	68,68	63,66	1,27405
-1,6846	1312,771	68,93	64,001	1,249854
1,992045	1257,258	67,08285714	61,5053571	1,448848

La moyenne généralise notre approche comparative de ces deux pays. Force est d'observer une nette avance de la République dominicaine par rapport à Haïti, soit au niveau de la croissance du PIB ou du PIB par habitant, alors que le taux d'activité moyen de cette période est un peu plus élevé pour Haïti, ce qui est expliqué par une croissance démographique moyenne inférieure face à une espérance de vie assez élevée pour les Dominicains.

Le tableau qui suit est relatif à la moyenne des indicateurs des deux pays. Il est possible de déduire la part représentative respectivement.

	Haïti	République dominicaine
Croissance du PIB (annuelle %)	**1,992045147**	**5,51069261**
PIB par habitant (dollars américains courants)	**1257,257735**	**6251,06263**
Taux d'activité total (% de la population totale âgée de 15 à 64 ans) (estimation modélisée du BIT)	**67,08285714**	**64,6971429**
Espérance de vie à la naissance, total (années)	**61,50535714**	**72,6216429**
Croissance démographique	**1,448848168**	**1,18503201**

Haïti présente un taux d'activité supérieur mais cela n'explique pas pour autant la croissance du PIB, encore moins l'amélioration de l'espérance de vie à la naissance.

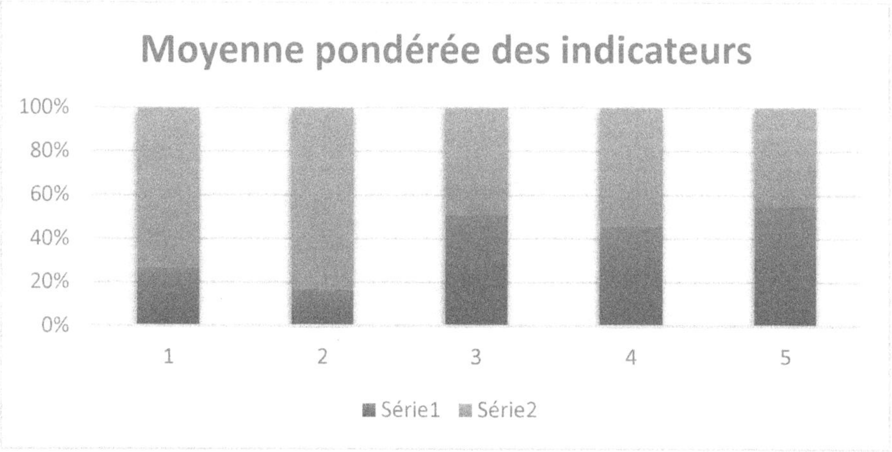

Analyse approfondie

Statistiques de la régression

Coefficient	Résultats
Coefficient de détermination multiple	0,62767287
Coefficient de détermination R^2	0,39397323
Coefficient de détermination R^2	0,124628
Erreur type	2,22965191

Analyse de la variance

	Degré de liberté	*Somme des carrés*	*Moyenne des carrés*	*F*	*Valeur critique de F*
Régression	4	29,0865058	7,27162644	1,46270729	0,29116833
Résidus	9	44,7421287	4,97134763		
Total	13	73,8286345			

	Coefficients	*Erreur type*	*Statistique*	*Probabilité*	*Limite inférieure pour seuil de confiance = 95 %*	*Limite supérieure pour seuil de confiance = 95 %*
Constante	-812,26039	665,850734	-1,2198836	0,25350992	- 2318,5194	693,99862
Variable X 1	-0,0005484	0,00636065	-0,0862201	0,93317916	- 0,0149372	0,01384038
Variable X 2	0,84908253	0,57659434	1,47258213	0,17495162	- 0,4552645	2,15342955
Variable X 3	8,48497897	7,96545425	1,06522223	0,31451738	- 9,5341304	26,5040884
Variable X 4	126,640408	112,662612	1,12406774	0,29007047	- 128,22013	381,500941

Dans cette analyse approfondie, nous admettons que le modèle est significatif, ce qui veut dire que les autres indicateurs expliquent la croissance du PIB de la République dominicaine.

Analyse approfondie

Coefficient de détermination multiple	0,466047
Coefficient de détermination R^2	0,2172
Coefficient de détermination R^2	-0,13071
Erreur type	3,136615
Observations	14

Analyse de la variance

	Degré de liberté	*Somme des carrés*	*Moyenne des carrés*	*F*	*Valeur critique de F*
Régression	4	24,5682194	6,142054846	0,624297168	0,65693636
Résidus	9	88,5451615	9,838351281		
Total	13	113,113381			

	Coefficie nts	*Erreur type*	*Statistique t*	*Proba bilité*	*Limite inférieure pour seuil de confiance = 95 %*	*Limite supérieure pour seuil de confiance = 95 %*
Constante	1261,013	1074,02405	1,174101327	0,27048 5774	- 1168,5981	3690,62427
Variable X 1	0,022252	0,01679666	1,324805528	0,21788 5692	- 0,0157444	0,06024899
Variable X 2	3,305034	33,467294	0,098754136	0,92349 8038	- 72,403245	79,0133126
Variable X 3	-19,9101	36,330395	-0,54802764	0,59700 1086	- 102,09512	62,2750026
Variable X 4	-196,11	196,930306	-0,995834564	0,34534 9232	- 641,59731	249,377296

Ces indicateurs expliquent le modèle. Cela ne signifie pas qu'il n'y a pas d'incidence sur le long terme. On peut conclure que la République dominicaine est beaucoup plus performante et se développe mieux par rapport à Haïti malgré une affiche supérieure de ce dernier au niveau du taux d'activité.

Conclusion

L'analyse des données effectuée s'est orientée vers une approche comparative dans l'objectif de mettre en évidence l'existence de faits paradoxaux dans la dynamique de développement de ces deux pays. Finalement, nous pouvons remarquer que les activités économiques sont intenses en Haïti en dépit du fait que la République dominicaine garde une certaine avance. Les variables classiques étudiées sont influencées par l'instabilité. Le niveau de la croissance du PIB ou du PIB par habitant est sensible, tandis que le taux d'activité moyenne est un peu plus élevé pour Haïti. C'est un vrai paradoxe. La croissance démographique moyenne est inférieure, alors que l'espérance de vie est assez élevée pour les Dominicains.

Sandy Alcenat et Alincia Franel ont été formés dans la filière SEG. Ils poursuivent des études sur le développement régional et sont membres actifs de l'organisation des manifestations en relation avec les Journées de l'entreprise de la filière des sciences économiques et de gestion de l'université de Guyane.

Amazonie

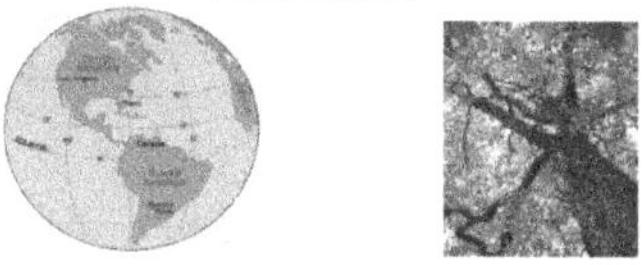

Article

La genèse postcoloniale des styles de management paternalistes de la Petite économie insulaire française de la Guadeloupe

Johanna Pierre-Justin Vatipatirin[4]

Résumé La recherche postcoloniale française débute seulement à partir des années 1990 (Cohen, 2007)[5]. D'abord contenue par le discours républicain dominant, elle prend un tournant décisif dans les années 2000. Devant la nécessité de la révision critique de l'historiographie nationale et du devoir mémoriel en 2004, elle s'invite progressivement dans la sphère politique.

L'originalité de la présente recherche est de présenter la genèse des styles de management de la Petite économie insulaire française de la Guadeloupe à la lumière de son passé colonial. À partir d'une approche qualitative, elle parvient à mettre en exergue les déterminants spécifiques du management local caractérisé par le paternalisme.

[4] Maître de conférences en sciences de gestion, IUT de Saint-Claude en Guadeloupe, CREDDI-LEAD EA 4541 Université des Antilles.
[5] Cohen J., *Le Tournant postcolonial à la française*, La Découverte, 2007.

Abstract French postcolonial research only began in the 1990s (Cohen, 2007). First contained by the dominant republican discourse, it took a decisive turn in the 2000s. Facing with the need for a critical revision of national historiography and of the duty to remember in 2004, it gradually entered the political sphere. The originality of this research is to present the management styles of the French Small Island Economy of Guadeloupe in the light of its colonial past. From a qualitative approach, she manages to highlight the specific determinants of local management characterized by paternalism.

Mots-clés : Postcolonialisme, Petites économies insulaires, culture locale, culture nationale, culture d'entreprise, impact de la culture sur les styles de management

Keywords: Postcolonialism, Small Island Economies, local culture, national culture, corporate culture, impact of culture on management styles

Introduction

Depuis les années 1970, le fait postcolonial constitue un objet de recherche incontestable pour la recherche anglophone. Le concept alimente une riche littérature scientifique.

La recherche postcoloniale académique française débute, toutefois, plus tardivement, seulement à partir des années 1990 (Cohen, 2007)[6]. Avant cette période, celle-ci était contenue par le discours républicain dominant, œuvrant à la normalisation du *« processus d'ouverture et de brassage »* multiculturel des populations d'immigrés des anciennes colonies *(ibid.)*. Puis, dans les années 2000, elle prend un tournant décisif à partir duquel les institutions se verront contraintes par la nécessité d'une révision critique de l'historiographie nationale et du devoir mémoriel (Blancel, Bernault, Blanchard, Boubeker, Mbembe, Vergès, 2010 ; p. 25). Le paradigme postcolonial français s'invite aujourd'hui jusque dans la sphère médiatique et politique. Au cœur des débats nationaux français, les régions d'outre-mer s'inscrivent comme catalyseur d'une profonde réflexion identitaire. En Guadeloupe, l'enlisement d'une protestation contre l'obligation du « pass sanitaire » justifie l'intérêt de mieux comprendre l'incidence des phénomènes

[6]Cohen J., *Le Tournant postcolonial à la française*, La Découverte, 2007.

postcoloniaux sur l'origine des styles de management de la Guadeloupe.

Notre présente contribution apparaît novatrice dans la mesure où la recherche postcoloniale empirique porte souvent sur l'Afrique. En dépit de quelques contributions ou essais philosophiques, aucune recherche postcoloniale ne semble se focaliser sur les petites économies insulaires et le management. Pourtant, l'enjeu d'une recherche postcoloniale y est significatif. En effet, les petites économies insulaires se singularisant par l'éloignement et l'isolement, la faible taille du marché, cristallisent les phénomènes postcoloniaux (Crusol, 2004). Dès lors, l'étude de la genèse des styles de management d'une petite économie insulaire présente l'opportunité de découvrir l'incidence des convictions identitaires, des histoires, des valeurs et de l'héritage métissé des descendants d'anciens colonisés d'outre-mer.
Ainsi, le présent article se propose de pallier l'absence d'études de ce type en présentant le cas de la Petite économie insulaire française de la Guadeloupe.
Nos questions de recherche sont les suivantes :

- Quel est l'état des lieux de la recherche postcoloniale française ?
- Quel est le positionnement de notre recherche postcoloniale ?
- Comment les phénomènes postcoloniaux français participent-ils de la genèse des styles de management de la Guadeloupe ?
- Quelles sont les singularités des styles de management de la Guadeloupe ?

Afin de répondre à ces questions, notre démarche s'appuie sur une recherche qualitative.
L'architecture du présent article esquisse, dans une première étape (section 1), l'état de l'art du concept de la recherche postcoloniale anglophone et francophone. La seconde étape présente (section 2) le cadre de la Petite économie insulaire de la Guadeloupe. Dans une troisième étape (section 3), il s'agira de présenter les singularités des styles de management paternalistes de la Guadeloupe.

Notre recherche s'inscrit dans la perspective d'une contribution sur le fait postcolonial insulaire dans le domaine du management des hommes.

1. Le cadre conceptuel et théorique de la recherche

Le paradigme de la recherche postcoloniale

Contrairement à la recherche anglophone qui débute dès les années 1970 avec l'émergence des Cultural Studies[7], la recherche sur le fait colonial, en France, débute, quant à elle, plus tardivement, à partir des années 1990 (Cohen, 2007)[8]. Avant cette période, la recherche postcoloniale française était contenue par le discours jacobin dominant. Celui-ci apparaissait, a priori, comme un symptôme de repli communautariste (Blancel, Bernault, Blanchard, Boubeker, Mbembe, Vergès, 2010 ; p. 26). Le politiquement correct impliquait, en effet, d'omettre le fait colonial ainsi que ses conséquences socioculturelles, tombés dans les limbes[9] de la compréhension du développement des hommes. Par ailleurs, la recherche française était confrontée au faible intérêt des chercheurs concernant l'étude de l'objet postcolonial en contexte républicain. (*ibid.* ; p. 19). En conséquence, les apports français sur la connaissance de l'histoire, des langages, des territoires, des valeurs, des identités postcoloniales achoppaient sur un contexte de reniement et de vide (*ibid.* ; p. 22) défini comme une aphasie[10] coloniale[11] (Noiriel, 1996)[12]. Cette aphasie coloniale intéresse, par ailleurs, plusieurs autres auteurs (Noiriel, 1996, Todd, 1994, Ko, 2001). Puis, la remise en cause du modèle français d'intégration des minorités visibles et l'affirmation de ces dernières favoriseront, au début des années 2000, une meilleure prise en compte de la dimension multiculturelle de la société française (Cohen, 2007). Enfin, la loi

[7] Les Cultural Studies tentent globalement de comprendre les pratiques culturelles intégrant les relations inégales de force et de pouvoir (Gowsberg L., 2003).
[8] Cohen J., *Le Tournant postcolonial à la française*, La Découverte, 2007.
[9] Blancel N. et Blanchard P. (2017), « Un postcolonialisme à la française ? » *Cités*, vol. 72, no. 4, 2017, p. 53-68.
[10] L'aphasie est un terme cher à Gérard Noiriel qui parle d'amnésie collective lorsqu'il parle de l'immigration, absente de l'histoire française.
[11] Absence dans l'historiographie française de certains points de l'histoire.
[12] Noiriel G., *The French Melting-Pot. Immigration, Citizenship, and National Identity*, University of Minnesota Press, Minéapolis, 1996.

Taubira (2001)[13], la loi du 23 février 2005[14] et le choix du *« 10 mai comme journée commémorative de l'abolition de l'esclavage*[15] *en France* (depuis 2006) *» (ibid.)* inviteront la question postcoloniale au débat public français *(ibid.)*. À ce tournant significatif du débat, la recherche française en sciences sociales et en histoire initiera un cheminement sur le fait postcolonial (Cohen, 2007).

Ainsi, l'auteur Abdelmalek Sayad (1997)[16] se distinguera comme référence « pionnière d'une sociologie de la migration » (*ibid.* ; p. 38). Son étude se concentre sur l'immigration algérienne. Elle met en exergue les travers de l'immigration massive des travailleurs héritiers des colonies au profit de l'industrie française. Elle repense les frontières du nous et des autres, les frontières de naturalisation entrent « citoyens nationaux » et « étrangers de l'intérieur ». Ses travaux sont reconnus comme une réflexion du dépassement du postcolonialisme. Cependant, ils ne manqueront pas de donner prise aux critiques. L'immigration étant plutôt un objet social qu'un objet scientifique des sciences sociales (*ibid.* ; p. 38). D'autre part, son radicalisme heuristique ne lui permettra pas toujours de dépasser sa position de victime inexercée à dépasser l'interdiction de l'histoire (la facette sombre du modèle français) (*ibid.*, p. 48).

---

[13] La loi Taubira n° 2001-434 du 21 mai 2001 reconnait la traite et l'esclavage comme crime contre l'humanité. Christiane Taubira, alors députée de Guyane, était rapporteure de la loi.

[14] La loi n° 2005-158 du 23 février 2005 portant reconnaissance de la Nation et contribution nationale en faveur des Français rapatriés est controversée du fait de traduire l'ingérence de la France dans l'histoire coloniale, défendue au Parlement par Michèle Alliot-Marie, alors ministre de la Défense sous le quinquennat de Jacques Chirac.

[15] Selon le Larousse, l'esclavage est le :
– Le fait pour un groupe social d'être soumis à un régime économique et politique qui le prive de toute liberté, le contraint à exercer les fonctions économiques les plus pénibles sans autre contrepartie que le logement et la nourriture.
– État, condition d'esclave.
– État, condition de ceux qui sont sous une domination tyrannique ; asservissement, servitude.

[16] Sayad A., « Identités nominations et catégorisations », document de l'INJEP, 1997, p. 37.

Les premières recherches françaises finiront par ouvrir le champ à d'autres : Sibeud (2004, 2007[17]), Cohen (2007), Demart (2016)[18], Bancel et Blanchard (2017)[19].

D'une manière générale, s'inscrire dans la recherche sur le fait postcolonial français traduit la volonté d'une meilleure connaissance des racines coloniales, précoloniales, de l'héritage du colonialisme et de l'esclavage. Ce, en contournant l'écueil de la subjectivité scientifique ou d'une conversion communautariste[20] du chercheur (*ibid.*, p. 30).

C'est en prenant en compte le postcolonialisme comme objet de découverte qu'elle respecte le principal but du chercheur : *« découvrir scientifiquement à l'épreuve des terrains et méthodes d'enquêtes ».*

Le positionnement des recherches sur les concepts d'hybridité et d'ambivalence postcoloniale

Notre recherche s'appuie sur les travaux du courant des *postcolonial studies* dans la perspective de dépasser la perception manichéenne de l'opposition entre le regard colonial et le regard colonisé. Les auteurs de ce courant cherchent à établir des définitions complexes de l'identité. Le courant vise à déconstruire toutes les oppositions binaires au cœur de l'imaginaire colonial, pour démontrer l'enchevêtrement, l'imbrication des cultures des colons et des colonisés.

L'auteur H. K. Bhabha, à titre d'exemple, s'intéresse plutôt à ce qui se passe du côté des colons ou du côté des colonisés qu'à ce qui se produit dans les *interstices.* Car *« Ces espaces "interstitiels" offrent un terrain à l'élaboration de ces stratégies du soi – singulier ou commun – qui initient de nouveaux signes d'identité et des sites innovants de*

[17] Sibeud E., « Du postcolonialisme à la question coloniale : pour un transfert critique », *Revue Cairn. Info*, 2007.
[18] Demart S., « Au-delà de la controverse française : la critique postcoloniale dans le champ de la sociologie », *Revue de sociologie*, 2016.
[19] Bancel et Blanchard, « Un postcolonialisme à la française », *Revue Cairn. Info*, n° 72, Presses Universitaires, 2017.
[20] Le communautarisme relève de comportements stigmatisant certains groupes.

collaboration et de contestation dans l'acte même de définir l'idée de société » (Remy, 2011)[21].

L'auteur s'intéresse plus particulièrement au concept d'hybridité en insistant sur le fait que toutes les identités – qu'elles soient coloniales, nationalistes, traditionnelles, etc. – sont de nature hybride. Leurs mises en contact viennent redoubler les embranchements et les enchevêtrements *(ibid.)*[22]. De son point de vue, la colonisation est à l'origine, malgré elle, d'identités hybrides : « L'effet du pouvoir colonial est perçu comme la *production* de l'hybridation plutôt que le commandement tapageur de l'autorité coloniale ou la répression silencieuse des traditions indigènes ». Sa conception conduit à relativiser la puissance de *« la domination coloniale, viciée par une subversion intérieure porteuse de son propre échec : la subversion formelle, la rupture, la perturbation, l'ambivalence, l'interstice »* (Rémy, 2011).

L'ambivalence est, sans doute, une dimension essentielle de la subversion, mais ce n'est certainement pas la cause suffisante de l'échec du colonialisme [2006, p. 114 ; p. 115].

Ces critiques récentes des études postcoloniales pointent le fait que les travaux postcoloniaux n'ouvrent pas la voie de l'émancipation. Ainsi, T. Sivanandan montre que la situation coloniale a fait l'objet de nombreuses résistances dans les pays colonisés. Il rappelle l'analyse de James C. Scott évoquant la lutte prosaïque mais permanente entre la paysannerie et les rentiers et les armes ordinaires impuissantes telles que les atermoiements, la désobéissance ou l'obéissance simulée, le chapardage, l'ignorance, la feinte, la calomnie, le sabotage, etc. (Scott, cité par Sivanandan, 2006, p. 111).

Ce retour des préoccupations postcoloniales vers l'histoire traduit l'image de colonisés capables d'alterner des positions que le colon voulait présenter comme immuables et figées.

---

[21] RÉMY J., (2011), « Sur les postcolonial studies : hybridité, ambivalence et conflit », journaldumauss.net

[22] RÉMY J., (2011), « Sur les postcolonial studies : hybridité, ambivalence et conflit », journaldumauss.net

2. Une recherche portant sur le concept de Petite économie insulaire (PEI)

À la lumière des contextes individuel, organisationnel et du passé postcolonial, la présente recherche se propose d'éclairer la compréhension de la genèse postcoloniale des styles paternalistes de la Guadeloupe, Petite économie insulaire française.

Qu'est-ce qu'une Petite économie insulaire ? La littérature portant sur les entités insulaires est bien alimentée. Bertram et Watters (1985), Blanchet (1987 ; 1989), Crusol (1989, 2004), Freyss (1997), De Miras (1997), Poirine (2015) sont autant d'auteurs (pour ne citer que ceux-là) qui s'y sont intéressés. Selon Claude De Miras (1997), la réflexion concernant les PEI distingue plusieurs courants de pensée :
– L'approche par les contraintes et les modalités d'intégration des PEI au commerce international (Crusol, 2004).
– L'approche des PEI sous l'angle d'une économie de transfert (Freys, 1995) mettant en exergue le cas français pour expliquer l'économie assistée à la marge de l'économie de marché et donc du développement.
– La troisième approche expose les tenants de la généralisation de la politique de transfert par le biais de son efficience et de sa rationalité économique (Poirine, 1995).
Réparties en trois principales zones géographiques et archipélagiques – La Caraïbe, l'océan Indien et le Pacifique – les économies insulaires présentent des caractéristiques et de fortes vulnérabilités communes (Crusol, 2004) naturelles, économiques et politiques.

D'abord, les vulnérabilités naturelles et environnementales tiennent principalement à la petite taille physique des PEI. L'insularité et la petite taille renforcent les risques naturels, écologiques, notamment l'érosion des côtes provoquée par la mer, la détérioration des mangroves et des ressources naturelles (Crusol, 2004).

Ensuite, les vulnérabilités économiques s'expliquent principalement par la sensibilité des PEI face aux chocs économiques externes et exogènes. En effet, les faibles dotations en ressources naturelles génèrent des spécialisations inadéquates, une offre restreinte de biens échangeables en gamme et une dépendance externe forte. Tout changement de l'activité des grandes économies peut perturber l'activité de la PEI.

Enfin, les vulnérabilités politiques et sociales tiennent à la précarité de l'économie et de l'emploi des PEI favorisant de possibles instabilités sociales (grèves) et politiques.

En somme, les caractéristiques majeures des PEI se résument à un marché interne exigu, des débouchés externes restreints, des investissements directs étrangers faibles, un capital humain spécifique réduit qui minimiseraient leur croissance.

PEI des Antilles françaises marquées par le postcolonialisme français et l'antériorité esclavagiste

Chaque Petite économie insulaire se distingue par ses singularités. Les PEI des Petites Antilles françaises sont, quant à elles, profondément marquées par la dynamique historique coloniale française (Taglioni, 1995).

La traite des esclaves est le premier fait marquant de l'histoire de la colonie au sein des Petites Antilles françaises. Initialement habitées par des populations indigènes, elles furent colonisées dès le XVIe siècle par les Européens (Français, Anglais et Hollandais) (Taglioni, 1995) avant de subir la traite négrière ; phénomène de grande ampleur, basé sur le commerce transatlantique de marchandises, corollairement au système esclavagiste d'hommes noirs africains[23]. Ce modèle aboutit à « l'abolition définitive de l'esclavage pendant la IIe République » (Matthieu, 1993).

L'émergence d'une paysannerie noire dans les Petites Antilles françaises est le second fait marquant. Celle-ci œuvre dans la culture vivrière de la canne à sucre (à la fin de la période de l'esclavage) dans des conditions souvent miséreuses et enclines aux troubles sociaux.

Enfin, l'héritage colonial constitue une donnée fondamentale pour comprendre les sociétés actuelles des Petites Antilles françaises (Taglioni, 1995).

[23] Selon le Larousse, esclavagiste désigne ce qui est *« Relatif à l'esclavagisme ; partisan de l'esclavagisme ».*

Le paternalisme : un héritage social du système postcolonial des PEI françaises ?

Le paternalisme est un héritage colonial des PEI des Antilles françaises.

En effet, dès le XIXe siècle, en France, le système de commandement paternaliste fondé sur la sanction et la récompense visait trois objectifs : fidéliser, sédentariser et moraliser la main-d'œuvre qualifiée face à la montée progressive des syndicats.

Au sein des Petites économies insulaires françaises, le paternalisme débute dès la période coloniale.

D'une part, dès la période coloniale, le contrôle social des hommes prévaut au sein de l'habitation. Le maître instaure une relation basée sur l'obéissance, l'autorité, la dépendance individuelle, physique, matérielle, affective de l'esclave sur la base d'une subjectivité incontestable. Inspections, sanctions et récompenses rythment l'exercice du devoir (Poyen Sainte-Marie, 1802, p. 3).

D'autre part, durant l'esclavage, la structuration socio-spatiale participe du contrôle social de la main-d'œuvre et favorise la construction de logements autour de la résidence du maître. La structuration socio-spatiale édifie donc *un espace autocentré autour d'une activité économique* dont la distribution socio-spatiale est complètement administrée par son souverain. Après l'abolition de l'esclavage en Guadeloupe en 1848, la logique de la gestion de la main-d'œuvre perpétue la présence d'ouvriers, à demeure, sur des propriétés appartenant à des Blancs créoles (Lavenaire, 2017). Elle s'inscrit dans la perspective de maintenir un contrôle sur les nouveaux libres de couleur (Pierre-Louis, 2015)[24].

Enfin, durant la colonisation, la structure sociale s'appuie également sur la hiérarchie sociale des couleurs. Ainsi, les Noirs sont préposés aux tâches serviles productives et improductives non liées au commandement. Les Blancs, au rang de dépositaires de l'autorité du maître, occupent les rôles de commandeur et d'économe.

[24] Pierre-Louis J., Thèse de doctorat, « Les libres de couleur face au préjugé : franchir la barrière à la Martinique aux XVIIe-XVIIIe », 2015.

L'incidence du postcolonialisme sur les styles de management de la PEI de la Guadeloupe : le paternalisme à connotation d'antériorité

Le système paternaliste opère et fonctionne dans de nombreuses grandes entreprises françaises et européennes.
En Guadeloupe, ce ne sont pas tant les rapports, la gestion personnalisée des personnes, l'obligation de maintien d'une forme de lien familial ou l'ancrage territorial des dirigeants qui posent des problèmes. Le dysfonctionnement du leadership tient au fait que *« la culture marque beaucoup le comportement des entreprises dans lesquelles le style de gestion dominant semble être un paternalisme ancien [...] »* (Macdissi & Hafsi, 2007).
En effet, l'antériorité ferait peser un double biais dans la relation managériale.
Du point de vue des collaborateurs :
– D'une part, l'imaginaire managérial local continue de cristalliser la réplique du rapport entre le maître et les esclaves (William ; Reno ; Alvarez, 2012).
– D'autre part, l'imaginaire managérial local intègre les déséquilibres d'un jeu entre l'obligateur et l'obligé (Boisseval Balme, 2015) où la légitimation de l'autorité et de la responsabilisation apparaît souvent difficile.
Du point de vue du dirigeant, la pratique d'une hétéronomie au travail convient de manière implicite ou explicite qu'une partie du fruit du labeur d'un individu soit contrôlée directement ou indirectement et récoltée par autrui.

Les spécificités de la logique paternaliste dans les entreprises modernes locales de Guadeloupe

Aujourd'hui, la trame du style de management paternaliste biaise la gestion locale des hommes qui priorise les relations affectives et personnalisées (Mucy & Brunstein, 2004).

En effet, la responsabilité sociale du dirigeant paternaliste le pousse à s'immiscer dans la sphère privée de ses collaborateurs (invitations aux baptêmes, aux communions des enfants du salarié, aux mariages, aux confidences explicites du collaborateur en cas de grandes difficultés personnelles et financières, indiscrétion du dirigeant sur la vie privée du salarié). Le dirigeant octroie souvent des jours de congés, des prêts et avances de salaire exceptionnelles et avantages matériels (De Coster *et al.*, 1999).

D'un côté, le paternalisme du dirigeant vis-à-vis des collaborateurs pallie l'insatisfaction du personnel et corrélativement les carences d'application de la législation sociale (Mucy & Brunstein, 2004).

D'autre part, il est contractuel. La présence des dimensions affectives débute dès le recrutement. Les salariés sont souvent dépendants de leur supérieur et en attendent la prise en charge émotionnelle complète. L'énoncé des ordres est empreint d'affectivité (avec le terme congruent du « Fais ça pour moi ! ») *(ibid.)*.

Enfin, les dimensions émotionnelles et affectives sont au cœur des relations sociales. Celles-ci posent une difficulté évidente de gestion aux cadres métropolitains qui le vivent comme un choc culturel. La gestion de la production apparaît concomitante à la gestion affective *(ibid.)*.

3. La Petite économie insulaire de la Guadeloupe comme terrain de recherche pour une réflexion stratégique

Notre démarche vise donc à comprendre l'incidence du postcolonialisme sur les styles de management paternalistes de la Guadeloupe. D'où, l'étude de la Petite économie insulaire française apparaît opportune à plus d'un titre.

D'abord, l'historiographie de la Guadeloupe[25] est héritière de la colonisation[26]. La Traite négrière[27] lui confère une histoire singulière et métissée : fruit du syncrétisme des cultures française, africaine, indienne, amérindienne, syro-libanaise et caribéenne (Pierre-Justin Virapatirin, 2021).

Ensuite, depuis 2003, c'est le statut de Département-région d'outre-mer (DROM) français qui prévaut. Ainsi, elle fait partie des neuf Régions ultra-périphériques[28] (RUP) européennes (Pierre-Justin Virapatirin, 2021).

Enfin, l'économie de la Guadeloupe mérite une attention particulière dans la mesure où elle s'apparente à *une rente de situation*[29] où les surcoûts et les handicaps *(coûts des transports transatlantiques, étroitesse du marché)* sont compensés par des appuis financiers français et européens (Ernatus, 2009[30] ; Pierre-Justin Virapatirin, 2021).

---

[25] Située à 6 700 km de la France, au milieu de l'Arc antillais, la Guadeloupe forme un archipel de 1 628 km² composé de quatre îles habitées.

[26] Selon le Larousse, la Colonisation est l'action de « Transformer un pays en colonie, en un territoire dépendant d'une métropole ». Selon le Larousse, la colonie est un « Territoire occupé et administré par une nation en dehors de ses frontières, et demeurant attaché à la métropole par des liens politiques et économiques étroits. »

[27] La Traite négrière induit une situation de monopole commercial, une structure déséquilibrée des échanges ainsi que « l'importation d'une main-d'œuvre contrainte » comme spécificité des échanges transatlantiques durant près de quatre siècles dans les colonies antillaises. (Sainton J.-P. dir., Sainton J.-P., 2004).

[28] L'ultra-périphérie est définie par l'Union européenne dans les années 1990 pour désigner la situation de certaines régions géographiquement distantes du continent mais faisant partie intégrante des États membres (Antilles françaises, Guyane, Açores, Madère, Canaries, La Réunion). Ces régions sont caractérisées par leur éloignement de l'Europe, par leur marché de faible taille et leur insularité. Enfin, elles se distinguent par leur proximité par rapport à des puissances géographiques concurrentes fortes (Boyer *et al.*, 2002). Ces facteurs d'ultra-périphérie permettent de comprendre les surcoûts inhérents aux processus de production et aux échanges extérieurs ainsi que le rôle « providentiel » de l'ancienne métropole jouant la fonction d'État central.

[29] Terme abordé par Hélène Ernatus dans sa thèse de doctorat : « Performance des entreprises dans une petite économie insulaire de la Caraïbe », 2009.

[30] Le modèle de la rente de situation est défini par Hélène Ernatus comme étant « un contexte où les surcoûts et handicaps (coûts de transport, étroitesse du marché…) sont compensés par des dispositifs de soutien et de protection contre la concurrence ».

Ce contexte induit une structure du PIB[31] déséquilibrée, caractérisée par une forte consommation finale[32] (supérieure de 20 points à celle de la France hexagonale[33]) et un déséquilibre des échanges. Ainsi, ses exportations faibles couvrant moins de 10 % de ses importations massives (sur la dernière décennie) favorisent le déséquilibre de la balance commerciale d'une économie régionale fortement marquée par le poids du tertiaire (fournissant avec l'administration 4/5e de la valeur ajoutée) (INSEE[34] et IEDOM[35], 2010 ; Pierre-Justin Virapatirin, 2021). Par conséquent, la trajectoire de croissance du département demeure fragile (+1,3 % en moyenne annuelle entre 2008 et 2014) (INSEE et IEDOM, 2010).

La défaillance d'entreprises illustre cette fragilité en raison des longs délais de paiement.

Par ailleurs, la faible pérennité des entreprises, le faible stock de créations d'entreprises (inférieur à 5 000 depuis 2012) et l'insularité induisent un taux d'emploi structurellement faible et inférieur à 50 % (contre 64 % en France hexagonale) (INSEE et IEDOM, 2010).

Dans un contexte insulaire cristallisant la vulnérabilité, Macdissi et Hafsi (2006) soulignent le rôle déterminant du dirigeant et de son style de management dans la performance de l'entreprise locale. Pourtant, en Guadeloupe, le bilan des styles de management apparaît sur ce point encore très mitigé. En effet, l'étude sur les conditions de travail en Guadeloupe publiée en 2013 par l'INSEE[36] dresse le constat sévère de conditions de travail contraintes par la surveillance accrue de la hiérarchie, les faibles latitudes de prises d'initiative, une charge de travail soutenue et des priorités accordées *« aux relations directes et de*

---

[31] Produit intérieur brut.

[32] Consommation des ménages (utilisation de biens et services marchands) et des administrations publiques.

[33] Source INSEE, Approche comparée des évolutions macroéconomiques des Outre-mer 1998-2010.

[34] Institut national des statistiques et des études économiques.

[35] L'industrie en Guadeloupe, un secteur face à ses défis.

[36] L'enquête des conditions de travail en Guadeloupe couvre en 2013 quatre départements d'outre-mer (Martinique, Guyane, Guadeloupe et La Réunion). Menée en « face à face » auprès d'un échantillon d'environ 28 000 enquêtés, elle intègre environ 2 000 ménages par département. L'échantillon provenant des résultats des enquêtes annuelles de recensement de l'INSEE.

proximité avec les collaborateurs et les acteurs de l'entreprise » priorisant *« un style paternaliste ancien »* (*Macdissi et Hafsi*, 2007).

Ces constats sur les conditions de travail locales et la performance des entreprises conduisent à s'interroger sur les styles de management en Guadeloupe.

4. La méthodologie de notre recherche qualitative

Notre méthode d'investigation est qualitative. Elle donne accès à une analyse approfondie du phénomène complexe des styles de management menée sur la base de 36 entretiens semi-directifs de dirigeants d'entreprises privées de Guadeloupe.

Dans le cadre de la phase qualitative, l'écoute active des 36 interviews, retranscrits à la main, a consisté à noter mot à mot tout ce que disait l'interviewé. Il s'agissait d'être complètement neutre. D'une part, les profils des dirigeants sélectionnés diffèrent au niveau socio-démographique, de la culture d'origine et des trajectoires professionnelles. D'autre part, les profils d'entreprises sélectionnées comptaient plus de 60 salariés avec une variété des secteurs d'activité, chiffre d'affaires, type de métier recruté, etc. L'intention de ce choix était de se concentrer sur des entreprises susceptibles de développer de véritables stratégies de management des hommes. Ce, en raison de la richesse des cohortes à manager au sein de l'entreprise (l'âge, le nombre, les genres, les profils, l'ancienneté, la vision globale du management, etc.).

L'enregistrement des entretiens est apparu rédhibitoire pour les participants craignant le manque de confidentialité dans un contexte d'exiguïté insulaire. En effet, la Guadeloupe s'étend sur un territoire de 1 628 km^2 où l'ensemble des acteurs du tissu économique local se côtoient fréquemment.

Le choix d'un codage manuel, pourtant plus long (3 mois pour les 36 entretiens), s'est imposé dans un contexte culturel de la Guadeloupe où l'hétérogénéité des codes rendait impossible le quadrillage électronique du matériau qualitatif. La faible lisibilité et l'homogénéité du corpus textuel ont rendu l'analyse informatisée rédhibitoire. En l'absence de langage commun partagé (créole, créolisme, français, « franglais ») par l'ensemble des énonciateurs suivant les secteurs, les cultures d'origine du dirigeant et les métiers, un codage manuel de la réalité fut jugé comme le plus pertinent pour permettre une analyse thématique avec « a priori ». Il s'agissait pour nous de vérifier scrupuleusement que chaque unité renvoie à des catégories ou à des noms corrects, Teulier-Bourgine (1997) cité par Fallary et Rodhain (2007). Il s'agissait de répondre aux questions suivantes : quels sont les fondements des propos abordés ? De quoi traite-t-on ?

5. Les résultats de la recherche qualitative

L'analyse qualitative des styles de management locaux confirme la prédominance d'un management paternaliste à connotation historique. En effet, les dirigeants d'entreprise de la Guadeloupe interviewés s'accordent sur le fait que le management paternaliste local revêt les attributs du management paternaliste classique fondé sur le système *« de la sanction et de la récompense », « de la carotte du bâton »* (31 occurrences sur 36).

D'autre part, la hiérarchisation constitue l'une des principales caractéristiques du management paternaliste local (31 occurrences sur 36).

« Dans le BTP, on retrouve les ouvriers, les chefs de chantier, les chefs d'équipe, les conducteurs de travaux, en tête les directeurs de travaux. » Madame. A., DAF Transport.

« Au sein des entreprises, il y a un patron, des adjoints, des responsables de départements, des managers, des managers d'activité. » Monsieur M., Directeur de service Banque et assurances.

En outre, *« le manque de transparence de l'information participe de la stratégie de l'entreprise locale ».* Monsieur B., Cadre supérieur dans une SEM. *« Il y a un manque de transparence dans le management où les dirigeants ne communiquent pas les chiffres d'affaires. Il n'y a pas de philosophie commune, pas forcément de collaborateurs qui partagent les mêmes valeurs. »* Monsieur G., PDG Commerce.

Cependant, le management paternaliste local se distingue de la version classique. D'une part, en complément des attributs classiques, *« les dimensions affectives sont à la fois prioritaires et incontournables dans les styles de management paternalistes locaux »* (31 occurrences sur 36). Elles sont presque contractualisées dès l'entretien. *« Il arrive que le DG pose des questions très privées dès l'entretien de recrutement ! Ça passe ou ça casse. Si le collaborateur formule un blocage, il n'est pas recruté. »* Madame C., DAF. Holding start-up.

Elles émaillent le quotidien des styles de management et des relations interpersonnelles au sein de l'entreprise. Elles sont illustrées par la tournure congruente récurrente « fais ça pour moi » au sein de l'entreprise locale. *« On a du mal à dire les choses directement sans vexer. » « On multiplie : "Fais-le pour moi." »* Monsieur M., Directeur de service. Banques et assurances. *« Il faut toujours faire attention à ce que la proximité ne génère pas de copinage. Cela peut être délicat. Car, il n'y a plus de management. »* Monsieur B., PDG Transport.

L'importance accordée aux dimensions affectives justifie des systèmes de rémunération informels (5 occurrences sur 36).

« Les rémunérations sont fixées à la discrétion du dirigeant en fonction du rapport du collaborateur avec sa hiérarchie au détriment des accords de branche, au détriment de l'engagement professionnel. » Madame E., DRH dans la distribution. La prédominance des dimensions affectives et la proximité entretiennent le caractère informel des systèmes de recrutement. *« L'ancienneté prévaut sur la compétence. »* Madame E., DRH dans la distribution.

D'autre part, *« le paternalisme local revêt nécessairement une connotation historique »*. Les dirigeants aiment à dire qu'*« il faut nécessairement intégrer l'histoire du pays pour mieux ménager ses susceptibilités. »* Monsieur J., Expert BTP.

La connotation historique alimente un rapport de force conscient ou inconscient dans les rapports managériaux. Ce rapport de force est encore davantage palpable dans les secteurs recrutant des métiers à faible valeur ajoutée, associés au rouage, à l'effort physique, au service domestique, comme le BTP ou le tourisme. *« Dans certains secteurs, on est dans les vestiges d'un management endogène où l'histoire établit un rapport de force entre collaborateurs et dirigeants assez délicat à gérer. Les salariés peinent à s'investir. Les dirigeants peinent à se situer. »* Monsieur G., PDG.

La connotation historique du management se décline à travers divers a priori renforçant la complexité managériale locale :

-1- La distinction pigmentaire demeure pénalisante pour l'ascension sociale des collaborateurs antillais, spécifiquement dans les secteurs recrutant des métiers à faible valeur ajoutée (services de manutention, du BTP et de la Grande distribution). *« Le management au sein des chantiers de BTP est archaïque. On est clairement sur une plantation. Dans les sociétés familiales, les dirigeants sont les maîtres. Les salariés sont considérés comme des esclaves ou assimilés. »* Madame A. DAF, BTP.

« Si les managers blancs n'ont pas à démontrer leurs compétences, les Noirs doivent sans cesse démontrer les leurs pour percer. » Madame A., DAF Transport.

-2- Le recrutement des cadres dirigeants est principalement exogène. Cette procédure semble encore plus significative dans les secteurs recrutant des métiers à faible valeur ajoutée, notamment le BTP et l'hébergement touristique est prioritaire

« Dans le BTP, sur 100 cadres recrutés dans le secteur, seuls 10 seront locaux, et peut-être d'excellent niveau. Mais dès lors qu'ils sont locaux, leur performance sera sous-estimée. Pire, leur performance ne leur permettra pas systématiquement d'émerger en tant que cadres supérieurs. » Monsieur J., Expert.

« Dans le BTP, le chef de chantier peut être Noir ou Blanc. Cependant, le conducteur de travaux sera toujours Blanc. Si certains chefs de chantier ont la capacité de devenir des conducteurs, ils n'émergent pas pour autant. » Madame A., DAF. BTP.

-3- Les cadres supérieurs antillais, surdiplômés, formés et compétents, peinent à dépasser le fameux plafond de verre. Le passage au statut de cadre dirigeant n'est pas impossible mais son accès pour un Antillais semble difficile même lorsque les compétences sont identifiées pour le poste. D'une part, l'accès implique une mobilité préalable risquée pour le candidat autochtone. *« Pour accéder à un poste de cadre dirigeant en tant que cadre supérieur, il faut envisager de quitter la Guadeloupe durant quelques années. Au retour, l'accès à ce poste de cadre dirigeant n'est pas garanti en Guadeloupe. Le risque est trop élevé pour des Guadeloupéens attachés à leur territoire. Rares sont ceux qui relèvent ce défi. Ils préfèrent stagner à des postes de directeur général adjoint et endosser les responsabilités du directeur sans jamais dépasser le plafond de verre.* » Monsieur E., Cadre supérieur de banque. D'autre part, la perception du management immédiatement favorable des cadres dirigeants européens oriente le recrutement. *« Sachant que le cadre dirigeant européen aura la possibilité de se faire respecter immédiatement auprès des collaborateurs et d'asseoir les objectifs fixés par la Direction, on peut tomber dans la facilité d'un recrutement exogène.* » Madame E., DRH Distribution.

-4- La confiance entre Antillais – collaborateurs noirs et cadres antillais – se mérite, se gagne. Elle est, par conséquent, très difficile à établir (36 occurrences sur 36).

« La confiance entre Antillais est difficile à obtenir. Une fois gagnée, elle est incontestable. Tandis qu'avec un Blanc la confiance est tout de suite gagnée avec une grande fragilité dans l'expression des besoins. » Monsieur M., Directeur de service Banque et assurances.

« La relation managériale est différente en fonction des origines du manager. » *« Entre Antillais, il y a beaucoup trop d'affect et pas assez de confiance.* » Monsieur M., Directeur de service Banque et assurances.

« En tant qu'Antillais, on ne se fait confiance qu'à soi-même. Donc on ne fait pas confiance aux autres. » Monsieur J., Expert.

« Dans le BTP, les collaborateurs noirs n'acceptent pas d'être dirigés par un cadre noir. Toutes les fois où on essaie dans le BTP, ça ne marche pas. » Madame A. DAF, BTP.

« Je dois dire qu'au bout de vingt ans de service, il y a une difficulté en tant que cadre antillais à faire valoir son management. » Monsieur A., Directeur de service EPIC.

-5- Le respect accordé au cadre supérieur européen est immédiat, tandis que celui accordé au cadre supérieur antillais serait plus long et plus difficile (36 occurrences sur 36).

« En tant que DRH d'un groupe dont l'activité est très diversifiée, je dirais que si l'intégration d'un cadre dirigeant est très difficile, le respect de son autorité est immédiat lorsqu'il est européen. Durant les 6 premiers mois, il doit apprendre à communiquer en découvrant et en intégrant la place des dimensions affectives locales. Une fois qu'il intègre tous les rudiments de la communication affective, tout se passe parfaitement. Cependant, le cadre dirigeant local aura du mal à faire légitimer son autorité sur le très long terme quels que soient sa rigueur et son engagement. » Madame E., DRH dans la distribution.

« Les cadres supérieurs antillais ayant bénéficié d'une expérience longue et d'un niveau de formation supérieur en France ou à

l'étranger, s'implantant en Guadeloupe, sont mis de côté à leur arrivée durant plusieurs mois. » Madame S., Expert Banque-assurances.

-6- « Les avatars de la culture séculaire de la société locale trouvent écho en entreprise. Il convient de les intégrer à la compréhension des styles de management » :

« La fête du carnaval tient une place importante, même dans la vie de l'entreprise. La durée du carnaval doit être intégrée comme une période de réduction de la productivité au sein de l'entreprise durant trois mois (16 occurrences sur 36). Tous les lundis, durant les deux mois de la période du carnaval, de janvier à mars, le DRH doit faire face à la fatigue et à la réduction de l'engagement au travail induite par les défilés carnavalesques du dimanche après-midi. Il s'agit d'un point incontournable à intégrer dans la compréhension du management local. » Madame E., DRH Distribution.

« Le penchant charnel des relations interprofessionnelles entre les hommes et les femmes est normalisé ou fantasmé au sein de l'entreprise » (5 occurrences sur 36). Madame C., DAF Holding start-up.

« Le syncrétisme magico-religieux de la société locale se retrouve au sein de l'entreprise. L'important pour un manager n'est pas d'y croire ou non, mais il convient de l'intégrer à la compréhension des styles de management. » Madame C., DAF Holding start-up. (5 occurrences sur 36).

« La civilisation de l'oralité se retrouve au sein de l'entreprise (5 occurrences sur 36) : celui qui parle le plus fort en créole se considère le plus fort. » Monsieur E., Cadre supérieur. Banque-assurances. « L'oralité alimente dans certains cas des rumeurs, des diffamations de manière informelle, des cancans. En arrivant dans une entreprise, on entend toujours une rumeur sur certains collaborateurs sans fondement avéré. Le problème est que les collaborateurs y accordent une grande importance. » Madame C. DAF, Holding start-up.

Tableau synthétique des résultats de l'analyse qualitative

Le tableau ci-dessous met en perspective la trame du paternalisme locale et celle observée en France :

Tableau 1 : Comparaison du paternalisme de France et de la Guadeloupe

	Le cas de la France	Le cas de la Guadeloupe
Prémices du paternalisme	Entreprise industrielle Méthode de gestion de la main-d'œuvre ouvrière	Entreprise domaniale Méthode de gestion de la main-d'œuvre datant de la période esclavagiste. Structuration socio-spatiale de la main-d'œuvre autour de la maison du maître Hiérarchie sociale des couleurs au sein de l'habitation
Relations entre le dirigeant et les collaborateurs dans le cadre du paternalisme		Forte personnalisation des rapports humains au sein de l'entreprise Intervention fréquente du dirigeant dans la sphère de la vie privée du collaborateur Prise en charge fréquente par le dirigeant de la charge émotionnelle des employés
Spécificités des pratiques		Style paternaliste ancien fortement connoté par l'histoire coloniale française Surveillance accentuée du dirigeant

		Présentiel des collaborateurs Faible épanouissement des salariés
Motifs de la pérennité des pratiques	Présence d'entreprises familiales Présence de sociétés patriarcales	Présence d'entreprises familiales Reproduction des relations managériales complexes (insubordinations, préjugés des cadres, préjugés entre collaborateurs, forte place du langage)
Les défis/solutions pour le bon fonctionnement du style paternaliste	Transformations des styles paternalistes en stratégies collaboratives Intégration et adaptation des styles de commandement aux nouvelles générations Y	Le dépassement des dimensions affectives Amélioration de l'engagement professionnel Légitimation de l'autorité/renforcement de la reconnaissance Amélioration de la transparence de la communication Intégration et adaptations des styles de commandement aux nouvelles générations Y Développement du management par la valeur et du sens donné au management

6. Discussions des résultats de la recherche

L'antériorité plantationnaire française a vraisemblablement une incidence sur les pratiques de management locales. L'héritage colonial français semble prédisposer la Petite économie insulaire française de la Guadeloupe à des styles de management paternalistes à connotation passée.

Le paternalisme correspond à une idéologie ancienne fondée sur l'élargissement du système patriarcal à l'entreprise, sur le système de la sanction-récompense, de la centralisation de l'information et de l'autorité du dirigeant. Celle-ci confère un pouvoir à la fois familial et social à l'entreprise. Cette idéologie, très répandue dans de très grandes entreprises, dans divers pays du monde, pourrait fonctionner en Guadeloupe. Ce n'est donc pas tant la prédominance du style paternaliste qui interroge mais plutôt le poids de l'antériorité qui l'accompagne.

D'une part, les styles paternalistes anciens locaux pâtissent de leur principal point faible : l'importance locale accordée aux dimensions affectives et personnalisées. Ces dimensions affectives apparaissent défavorables à l'entreprise dans la mesure où elles conditionnent le mode de recrutement, le système de rémunération, les arbitrages dans la gestion des compétences, les relations interpersonnelles et sociales au sein de l'entreprise et, plus largement, les comportements managériaux. D'autre part, elles nuisent à l'optimisation de la fonction ressources humaines et participent du risque social élevé et de la vulnérabilité des entreprises.

D'autre part, les styles paternalistes locaux souffrent de désuétude. En effet, d'un côté, ils sont hérités de la période coloniale et parviennent à se reproduire dans un contexte contemporain. D'un autre côté, ils apparaissent en décalage avec les pratiques contemporaines de management adaptées à l'entreprise moderne. Pourtant, notre millénaire est inédit. Le monde a connu de spectaculaires changements. La transformation de l'environnement des affaires, les mutations du travail, l'émergence de nouvelles aspirations (l'autonomie, l'initiative, l'intelligence des collaborateurs, la liberté) (Hamel, 2007 ; Plane,

2012[37], 2015 ; Verrier et Bourgeois, 2016[38]), l'avènement de la génération Y (Peretti, 2011 ; Dejoux et Wechtler, 2011 ; Igalens et Benraiss-Noailles, 2012 ; Cantineau, 2014 ; Bazin[39], 2014, p. 145), la révolution digitale sont autant de mutations du contexte turbulent contemporain que les entreprises locales gagneraient à intégrer (Barrand, 2009)[40]. À l'heure où le succès de l'entreprise repose sur la compréhension des enjeux de la mondialisation, sa capacité à transmettre de nouvelles clés pour mieux gérer les exigences d'un marché en tension et celui des managers augmentés et de l'entreprise agile[41] (Dejoux et Léon, Dejoux, 2018)[42], il n'apparaît plus possible de se contenter de ces acquis passés.

Selon l'ouvrage *Mobilisations sociales aux Antilles : les évènements de 2009 dans tous leurs sens* de William (Reno et Alvarez, 2012)[43], le contexte local des styles de management appelle de nombreux défis : (1) le dépassement des dimensions affectives, (2) le renforcement de l'engagement professionnel, (3) la légitimation de l'autorité et la valorisation de la reconnaissance du travail, (3) la transparence et la

---

[37] Plane J.-M., *Théorie et management des organisations*, 3e édition, Dunod, 2012.
[38] Verrier G. & Bourgeois N., *Faut-il libérer l'entreprise ? Confiance, responsabilité et autonomie au travail*, Dunod, 2016.
[39] Société de Philosophie des Sciences de Gestion, dir. Bazin Y. *Penser le management et les sciences de gestion avec Hannah Arendt*, L'Harmattan, 2014.
[40] Barrand J., « Être agile… le destin de l'entreprise de demain », L'*Expansion Management Review*, vol. 132, n° 1, 2009, p. 118-129.
[41] Selon le « Manifeste pour le développement agile », une entreprise agile, repose sur quatre principaux principes d'action :
« Les individus plutôt que les processus et les outils :
– Des prototypes opérationnels plutôt qu'une documentation exhaustive
– La collaboration avec le client plutôt que des contrats rigides
– L'adaptation au changement plutôt que le suivi des plannings. »
Ces principes sont applicables à tout type d'entreprise quelle que soit leur taille (start-up et grands groupes) (Dejoux & Léon, 2018, p. 43).
Les valeurs nécessaires au bon fonctionnement de l'équipe sont : (1) l'engagement, (2) une fine collaboration, (3) la transparence, (4) une amélioration continue (*ibid.*, p. 12).
[42] Dejoux C. & Léon E., *Métamorphose des managers : À l'ère du numérique et de l'intelligence artificielle*, L'Harmathan, 2018.
[43] William J.-C. ; Reno F. ; Alvarez F., *Mobilisations sociales aux Antilles : les évènements de 2009 dans tous leurs sens*, Éditions Karthala, 2012.

circulation de l'information, (4) la mise en place d'un management par le sens.

Sur les apports et les contributions

La démarche de réflexion postcoloniale dans le domaine du management apparaît assez nouvelle. Elle n'est, peu, voire pas étudiée sur le terrain des Petites économies insulaires. La démarche de notre recherche s'inscrit dans la perspective de la création de connaissances scientifiques nouvelles. Sa contribution la plus significative tient à son apport de connaissances qualitatives en matière de recherche postcoloniale sur une Petite économie insulaire.

Corollairement, la recherche aura également eu le mérite de mettre en évidence le retard pris dans la démarche managériale locale. Car les styles de management de la Petite économie insulaire de la Guadeloupe sont insatisfaisants.

Sur les limites et les opportunités de recherche futures

La présente recherche ouvre ainsi le champ à des opportunités de recherche sur la réflexion stratégique complémentaire dans d'autres PEI francophones, anglophones, hispanophones marquées par des trajectoires socio-historiques postcoloniales. La singularité des résultats pour la Guadeloupe n'étant pas transposable à une autre PEI. L'angle d'une analyse comparative entre les cultures peut être opportun.

L'examen de champs insulaires moins exigus dont le chercheur n'est pas natif pourrait favoriser le recours au traitement numérique des entretiens qualitatifs.

Conclusion

En guise de perspective à vérifier lors de recherches futures, l'une des pistes de sortie du paternalisme local à connotation d'antériorité, émergeant de nos résultats, pourrait être une personnalisation de la gestion des ressources humaines de l'entreprise au service de sa performance – la marque employeur – capable de relever les défis : De l'équité dans le traitement des collaborateurs (suivant le sexe, l'âge, l'ancienneté au sein de l'entreprise), du travail intergénérationnel et de la fidélisation de tous les types de salariés. Par ailleurs, si une réelle prospective semble, pour l'heure, difficile à établir, il convient nécessairement d'intégrer, aux perspectives managériales, les générations Y et Z. Le management 2.0 et 3.0, les notions de l'entreprise « libérée » et de « bonheur au travail », le management agile, le management coopératif, le management collaboratif et le management bienveillant sont autant de concepts possibles à explorer. L'intégration des valeurs d'amour, de partage, d'ouverture, d'énergie positive, d'esprit d'équipe au sein de l'entreprise (Brun et Bourigeaud, 2018) pourrait contribuer à augmenter l'autre, à créer de la valeur pour l'entreprise ainsi qu'à l'éthique de l'entreprise. Le leader positif pourrait parfaitement orchestrer ce changement de paradigme.

Références

BERTRAM I. G. et WATTERS R. F. (1985), "The Mirab Economy in South Pacific Microstates". *Pacific Viewpoint.*

BHABHA K. (1984), "Representation and the colonial text: a critical exploration of some forms of mimeticism". *The Theory of reading*, Ed. Frank Gloversmith. Brighton, Sussex: Harvester Press.

BLANCEL N. et BLANCHARD P. (2017), « Un postcolonialisme à la française ? », *Cités*, vol. 72, n° 4, 2017, p. 53-68.

BLANCHET G. (1987), « Croissance induite et développement autocentré en Polynésie française : L'évolution de l'économie et le rôle de la petite production marchande », *Journal de la société des océanistes.*

BLANCHET G. (1989), « Du discours à la réalité en milieu insulaire : rhétorique du développement autocentré et pratique du développement intégré », *Journal de la société des océanistes.*

CRUSOL J. *et al.* (1989), *L'enjeu des Petites économies insulaires*, Economica.

CRUSOL J. (2004), *Les Antilles, Guyane et la Caraïbe : coopération et globalisation*, L'Harmattan.

FREYSS J. (1997), « L'ÉTERNEL RECOURS : Les impasses de l'économie assistée en Nouvelle-Calédonie », *Revue Tiers Monde*, vol. 38, n° 149, p. 99-119.
DE MIRAS C. (1997), « Le développement des Petites économies insulaires relève-t-il encore de l'économie de marché ? », in *Tiers Monde*, tome 38, n° 149.
POIRINE B. (1995), *Les Petites économies insulaires : théorie et stratégies de développement*, L'Harmattan, 279 p.
BLANCHARD P., BANCEL N., LEMAIRE S. (sous la direction de) (2005), « La fracture coloniale : La société française au prisme de l'héritage colonial », Éditions La Découverte, Paris.
CRESWEL J. W. et CLARK P. (2017), *Designing and conducting mixed methods research.*
GIACCOMIN O. et JANSSEN F. (2009), « Les méthodologies quantitatives dans la recherche francophone en entrepreneuriat en gestion des PME », Management Prospective Éd. Management & Avenir, n° 30, pages 258 à 272.
GIRAUD L. (2012), « L'intention de quitter l'entreprise : une approche par l'étape de carrière et l'appartenance générationnelle du salarié », *AGRH.*
MACDISSI H. et HAFSI T. (2007), « Le caractère social du management stratégique des firmes d'une région ultrapériphérique : le cas de la Guadeloupe », *Finance Contrôle Stratégie*, volume 10, n° 4.
PIERRE-LOUIS J. (2015), thèse de doctorat : « Les libres de couleur face au préjugé : franchir la barrière à la Martinique aux XVIIe-XVIIIe siècles ».
PIERRE-JUSTIN VIRAPATIRIN (2021), thèse de doctorat : « Les styles de management au sein d'une Petite Économie Insulaire : Le cas de la Guadeloupe », Université des Antilles, Pointe-à-Pitre, Guadeloupe, 402 pages.
RÉMY J. (2011), « Sur les postcolonial studies : hybridité, ambivalence et conflit », journaldumauss.net

Johanna Pierre-Justin Virapatirin est maître de conférences en sciences de gestion à l'université des Antilles, IUT de la Guadeloupe. Ses principaux domaines de compétence recouvrent le marketing, la communication, les études quantitatives et qualitatives, le management des ressources humaines et des organisations. Elle est cheffe du département GEA (Gestion des entreprises et des administrations) de l'IUT (Institut universitaire de technologie) de la Guadeloupe. Elle coordonne deux BUT (ex-DUT) GEA (parcours GEMA et GCFF) ainsi que 4 licences professionnelles en gestion en alternance. Elle coordonne deux LP MGC (Management gestion comptable, option Paie et comptabilité et option Responsable de portefeuille en Cabinet d'expertise comptable) dont elle est personnellement à l'initiative des demandes d'accréditation, ainsi que les LP MGO (Management et Gestion de l'organisation) et LP GRH (Gestion des ressources humaines).

Chercheure au laboratoire CREDDI EA 4541 de l'université des Antilles, ses recherches portent principalement sur la réflexion stratégique des managers et les styles de management dans les cultures postcoloniales.

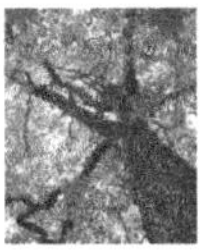

Article

La continuité pédagogique en temps de Covid-19 en Guyane française : défis d'une nouvelle approche d'apprentissage

Ouissal El Makhanter

Résumé La pandémie Covid-19 a éprouvé les systèmes éducatifs à travers le monde. La fermeture des écoles et la rupture des interactions sociales ont bouleversé les pratiques d'apprentissages, en imposant le numérique comme solution alternative aux cours en présentiel dans le but d'assurer la continuité pédagogique. Cependant, la réalité fut bien différente au regard des contraintes techniques liées au manque de connectivité et d'équipements qui empêchent les élèves les plus vulnérables de poursuivre l'apprentissage à distance.

Parallèlement aux difficultés techniques, les élèves de Guyane doivent faire face à des contraintes locales géographiques, démographiques, culturelles et socio-économiques entravant l'accès à une éducation pour tous.

Cet article propose d'analyser les enjeux de la mise en place d'une continuité pédagogique dans un contexte sanitaire inédit et interroge son effectivité en Guyane, en s'appuyant sur des données institutionnelles et des enquêtes de terrain.

Abstract The Covid-19 pandemic has tested education systems around the world. The closing of schools and the breakdown of interactions have disrupted the learning process, by imposing digital technology as an alternative solution to face-to-face to ensure educational continuity.
However, the reality was different in regards of technological restreints related to the lack of connectivity and equipment, which prevented the most vulnerable students from continuing to learn remotely.
Along with technical difficulties, students in French Guiana have to deal with local geographic, demographic, cultural and socio-economic constraints that hamper access to education for all.
This article proposes to analyze the challenges of implementation of educational continuity in an unprecedented health context and interrogates its effectiveness in French Guiana, based on institutional data and field surveys.
Despite the adaptation efforts made by national education actors to ensure educational continuity for all, many students haven't been able to continue learning in time of crisis, which has exacerbated pre-existing socio-educational inequalities.

Mots-clés : Continuité pédagogique, Inégalités socio-scolaires, Guyane
Keywords: Educational continuity, socio-educational inequalities, French Guiana

Introduction

Le 17 mars 2020, en réponse à la pandémie Covid-19, le gouvernement déclara l'interdiction de déplacement en France hexagonale ainsi que dans tous les départements et régions d'outre-mer, et ce, dans le but de ralentir la propagation du virus. Par suite de cette annonce, les établissements scolaires ont fermé leurs portes. Ainsi, ils étaient appelés à adopter de nouvelles pratiques et méthodes pour s'adapter au contexte inédit et assurer une « continuité pédagogique ».

La fermeture des écoles a conduit à développer l'utilisation de l'outil numérique, seul et unique moyen par lequel il a été possible de maintenir des liens sociaux, de travailler et de suivre les cours. Cela a pu se réaliser grâce à des moyens divers et variés, comme l'ENT (Environnement numérique de travail) ou CNED (Centre national d'enseignement à distance), mais aussi par des supports non interactifs (distribution de supports papiers).

Cette période a révélé de graves carences en matière de numérisation dans le monde d'enseignement et a exacerbé les inégalités sociales et scolaires déjà existantes.

En effet, tous les élèves n'ont pas bénéficié des mêmes conditions pour suivre des cours à distance, à cause d'un non-accès à Internet, d'un manque de matériel informatique ou de compétences numériques (J.-F. Lucas, 2020). À ces difficultés techniques s'ajoutent des difficultés liées au contexte local de la Guyane française, marqué par des contraintes structurelles démographiques, géographiques, culturelles et socio-économiques.

Cet article propose un ensemble de données statistiques sur l'état de l'école en Guyane avant le confinement et illustre les effets de la crise Covid-19 sur les inégalités en matière scolaire, particulièrement dans les zones fluviales éloignées. Il analyse également les nombreux défis auxquels l'école est confrontée et qui compromettent l'expérience scolaire pendant la période de confinement.

En vue d'explorer en profondeur le sujet, cet article soulèvera les questions suivantes :

Comment la crise Covid-19 a-t-elle transformé l'enseignement ? Comment ce changement a-t-il été vécu par les élèves de Guyane ?

Nous postulons, d'une part, que les pratiques d'enseignement ont été bouleversées par la crise sanitaire et les moyens proposés pour assurer la continuité pédagogique présentent des limites d'adaptation compte tenu des contraintes locales et, d'autre part, nous avançons que la transition vers l'enseignement à distance a exacerbé les inégalités socio-scolaires.

1. Méthodologie de recherche

Pour répondre à nos questions de recherche et vérifier nos hypothèses, notre méthodologie repose à la fois sur une approche qualitative, qui s'appuie sur l'analyse de données institutionnelles et sur des entretiens semi-directifs qui ont eu lieu en présentiel avec les chefs des établissements scolaires et avec la cheffe coutumière du village Cécilia, et sur une approche quantitative basée sur l'analyse de nos enquêtes par questionnaire. Le principal objet étant de collecter des indicateurs concernant le déroulement de la continuité pédagogique chez les élèves du second degré pendant le confinement en Guyane.

Les enquêtes par questionnaire ont été diffusées un an après la fermeture des écoles, soit entre avril et mai 2021, à deux cibles différentes : d'abord, aux élèves et étudiants du village Cécilia, ensuite aux chefs des établissements scolaires du second degré de Saint-Laurent-du-Maroni et de Mana. Elles regroupent à la fois des interrogations fermées et ouvertes, visant plusieurs thématiques : les outils numériques utilisés pour assurer la continuité pédagogique, le temps consacré aux activités prescrites, l'efficacité du dispositif, l'accompagnement parental et les difficultés rencontrées.

Notre échantillon de répondants se compose de deux groupes distincts :

- D'une part, d'un effectif de quatorze élèves du village Cécilia, répartis par niveau : une élève de l'école primaire à profil ULIS[44], cinq élèves du collège, cinq élèves du lycée général et technologique, un élève du lycée professionnel et deux étudiantes à l'université.
- D'autre part, de chefs de douze établissements scolaires du second degré : six collèges et six lycées, neuf établissements appartenant au secteur public et trois privés.

Le choix de terrain d'enquête s'est porté sur le village amérindien Cécilia, situé sur la commune de Matoury, car il a été le premier foyer

[44] Unités localisées d'inclusion scolaire.

épidémique identifié en Guyane. Du 1er au 10 avril 2020, le virus s'est vite propagé amenant la préfecture à fermer le village et à le placer sous surveillance afin de contenir la propagation du virus. Ainsi, la liberté de circulation de plus de cinquante familles était limitée, seulement possible sur présentation d'une attestation.

Les communes de Saint-Laurent-du-Maroni et de Mana ont été choisies pour leur caractère géographique. Situées dans l'Ouest guyanais, elles cumulent un ensemble de difficultés et problématiques liées à l'accès à une éducation égalitaire. Ces difficultés découlent essentiellement de l'évolution de la population scolaire, relative à la forte croissance démographique et aux flux migratoires. Particulièrement à Saint-Laurent-du-Maroni, limitrophe du Suriname, les difficultés sociales sont marquées : avec 64,7 %[45] des familles vivant dans la précarité, une jeunesse peu qualifiée (50 % de la population se déclarait au chômage en 2018[46]), un taux faible de diplômés de l'enseignement supérieur (8,6 %)[47], et des conditions de vie insalubres, autant d'obstacles entravant l'accès à une éducation de qualité pour tous.

2. Situation de l'école en Guyane

Classée en zone d'éducation prioritaire renforcée depuis 2016, l'Académie de Guyane est une des plus jeunes académies de France, elle gère l'école sur ce territoire dont la majeure partie est sous-équipée en infrastructures telles que les routes, l'eau, le réseau électrique et téléphonique.

Malgré sa situation particulière, l'école accueille un public hétérogène et divers du point de vue culturel et linguistique. Il existe actuellement en Guyane plus de 10 langues reconnues (à dimension régionale ou internationale) et parlées couramment : créole, langues du pays bushinenge, langues amérindiennes, hmong, portugais. Elle se caractérise par une forte évolution liée à une poussée démographique notable, surtout dans l'ouest du pays.

---

[45] Insee-DGFiP-Cnaf-Cnav-Ccmsa, Fichier localisé, social et fiscal (FiLoSoFi) en géographie au 01/01/2021.
[46] INSEE, RP2008, RP2013 et RP2018, *op. cit.*
[47] INSEE, RP2008, RP2018, *op. cit.*

À la rentrée 2020/2021, on dénombrait 45 626 élèves dans l'enseignement primaire, répartis sur 180 établissements. Le second degré comptait 39 523 élèves, répartis sur 53 établissements scolaires (collèges et lycées)[48].

La majorité des élèves n'est pas francophone, ils sont scolarisés dans des écoles implantées en milieu mono-ethnique ou pluriethnique, il s'agit d'une des particularités du système éducatif guyanais. Certaines écoles sont implantées dans des sites isolés non accessibles par la route, notamment celles du Maroni et de l'Oyapock.

Le système éducatif en Guyane est confronté à de nombreux défis contextuels (Carle J.-C., A. Karam, L. Lafon, 2018) :

– Socio-économiques : les inégalités sociales sont très marquées entre les élèves ; plus de la moitié des élèves de l'enseignement secondaire professionnel sont des enfants de parents inactifs, un tiers sont des enfants d'ouvriers ou d'employés et 2,6 % ont des parents qui sont des cadres ou issus de professions libérales[49].

– Démographiques : il s'agit de faire face à la massification des inscriptions scolaires. L'augmentation de 22 % de l'effectif des élèves entre 2011 et 2020 a créé une forte tension sur les infrastructures scolaires et a entraîné des difficultés en matière de recrutement de nouveaux enseignants, notamment au second degré.

– Géographiques : de nombreux sites sont isolés et accessibles uniquement par voie aérienne ou fluviale.

– Socioculturels : la Guyane est caractérisée par son multiculturalisme et son plurilinguisme : près d'un Guyanais sur trois est d'origine étrangère. Une grande partie de la population n'étant pas francophone, 70 % des élèves n'ont pas le français comme langue première[50].

---

[48] Académie de Guyane.
[49] *Le problème des politiques de l'éducation en Guyane*. C. Candellier et P. Le Galliot.
[50] Académie de Guyane.

3. Place du numérique dans l'enseignement

L'arrivée d'Internet en 1990 a imposé le concept des Technologies de l'information et de la communication pour l'enseignement (TICE) qui désignent à la fois les capacités de traitement de l'information et les possibilités d'échange et de communication.

Le plan Allègre (1997) prévoit l'équipement et la connexion de tous les établissements d'enseignement public, afin de conduire les élèves dans une démarche active d'échange et de coopération. Pour rendre ces machines accessibles à tous les Français, le plan gouvernemental Réso 2000 a instauré un partenariat entre les collectivités territoriales et l'État pour équiper en matériel et connecter à Internet haut débit tous les établissements scolaires.

Réso 2007 poursuit l'objectif de généralisation des Environnements numériques de travail (ENT), englobant tous les outils et instruments de travail jusqu'à la feuille papier et les stylos. L'intégration des TICE[51] s'accompagne ainsi de son inscription dans le socle commun des connaissances et compétences (Pybourdin I., 2009).

- Apprendre à apprendre autrement

Au premier semestre 2020, la pandémie a conduit le gouvernement à s'appuyer sur le numérique afin d'assurer la « continuité pédagogique ». Celle-ci vise à assurer la poursuite des apprentissages, à maintenir les acquis déjà développés et à acquérir des compétences nouvelles lorsque les modalités d'apprentissage le permettent[52].

L'enjeu de la continuité pédagogique était donc de poursuivre les apprentissages, en basculant vers une autre forme d'enseignement : l'enseignement à distance. Ce dernier est devenu une alternative à l'enseignement en présentiel alors qu'il a été initialement conçu comme un dispositif palliatif puis complémentaire à l'enseignement en classe avec le développement des technologies éducatives dans les années 2000 (Pouzard et Roger, 2000).

---

[51] Technologies de l'information et de la communication pour l'enseignement.
[52] Ministère de l'Éducation nationale.

L'éducation nationale a mobilisé de nombreux dispositifs et ressources pour permettre une continuité pédagogique numérique, le CNED[53] a ainsi développé un service en ligne « Ma classe à la maison », qui offre des séances pédagogiques pour les élèves de tout niveau, allant du primaire au lycée.

Les enseignants étaient amenés à utiliser leur Environnement numérique de travail (ENT), pour partager les ressources, les supports de cours et les exercices avec leurs élèves durant la période de confinement.

L'audiovisuel public, à travers France Télévisions, Radio France et Arte, s'est également mobilisé pour la continuité pédagogique, en diffusant des programmes basés sur les programmes scolaires officiels.

Défis spécifiques à la continuité pédagogique

Connectivité

La connectivité constitue l'un des défis majeurs pour une mise en place efficace de l'enseignement à distance. La technologie offre de nouvelles perspectives en matière d'éducation en facilitant l'accès à l'information et aux ressources pédagogiques. Cependant, les inégalités d'accès à Internet entravent ces possibilités d'apprentissage.

Dans les zones rurales et éloignées, l'accès à Internet est limité, voire inexistant. Cela signifie que de nombreux élèves et enseignants sont exclus des avantages de l'enseignement à distance, qui repose largement sur la connectivité.

Les familles défavorisées sont souvent les plus touchées par cette situation, car elles peuvent ne pas avoir les moyens d'acquérir les dispositifs nécessaires pour participer pleinement à l'apprentissage à distance.

Les résultats de notre enquête ont confirmé que cette situation est effectivement avérée. Les disparités d'accès aux TICE étaient étroitement liées à la dimension de vie sociale des élèves et ont mis en évidence une fracture numérique accentuée chez les plus défavorisés. Sur 8 860 élèves que comptent les établissements interrogés, 79 % des élèves sont issus de familles défavorisées dont au moins un parent n'est

[53] Centre national d'enseignement à distance.

pas actif dans le marché d'emploi. Ils sont donc dans l'incapacité d'investir dans le matériel informatique pour permettre à leurs enfants de poursuivre l'apprentissage durant la période de confinement.

Des compétences numériques essentielles

Outre la question de l'accès au numérique, se pose également celle des compétences. Il est souvent trompeur de penser que les plus jeunes sont plus compétents que les adultes dans l'utilisation des technologies numériques, car la répartition de compétences est fortement liée à des facteurs sociaux. En effet, les compétences techniques ne sont pas uniformément réparties et des inégalités peuvent exister en fonction des caractéristiques socio-économiques et culturelles des individus.

Les élèves estiment majoritairement avoir un manque de connaissance de l'utilisation des plate-formes mises à leur disposition par l'éducation nationale pour assurer la continuité pédagogique. Certains d'entre eux ont rencontré des difficultés à réaliser des tâches simples telles qu'envoyer un courrier électronique ou télécharger un document.

Contraintes culturelles et linguistiques

La contrainte culturelle et linguistique a été identifiée comme un enjeu essentiel pour la réussite scolaire, elle empêche la mise en œuvre d'une collaboration entre familles et enseignants, surtout en période de crise, où l'implication des parents a été fortement demandée pour accompagner leurs enfants dans le suivi de leurs apprentissages à domicile.

Le multiculturalisme est l'une des questions centrales de l'éducation en Guyane française. Sa position frontalière, avec le Suriname du côté Ouest et le Brésil du côté Est, joue un rôle important dans sa diversité linguistique et culturelle.

On peut dénombrer une vingtaine de langues susceptibles d'être parlées comme langues premières en Guyane.

Selon une étude réalisée en milieu scolaire en Guyane auprès de plus de 2 000 élèves concernant la transmission et la pratique des langues (Leglise, 2007), les résultats indiquent que dans certaines zones, le

français n'est pas transmis en famille ni présent dans l'environnement linguistique des enfants avant leur entrée à l'école maternelle.
D'après les données de l'académie, 70 % des enfants présents en Guyane n'ont pas le français pour langue maternelle[54]. Cela concerne à la fois les natifs dont l'environnement familial et social utilise une autre langue dite langue première et les étrangers nés dans un autre pays non francophone. Ces individus arrivent en Guyane avec une connaissance limitée, voire nulle, de la langue française. Ils intègrent le système scolaire français parfois sans avoir eu l'opportunité d'être scolarisés dans leur pays d'origine.

Pour faire face à ce défi, les dispositifs des Intervenants en langue maternelle (ILM) ont été mis en place au premier degré pour accompagner les enfants locuteurs des langues amérindiennes et noires-marrons dans la maîtrise de leur langue première tout en améliorant leur acquisition de la langue française. Ces dispositifs ont été doublés en 2017-2018 atteignant ainsi 80 intervenants. Parallèlement, des programmes FLS (Français langue seconde) sont déployés au second degré. Ils permettent aux élèves nouvellement arrivés en France d'apprendre le français comme langue seconde et mieux s'intégrer à l'école.
D'après les données de l'académie, 51 % des jeunes guyanais de 17 et 18 ans sont en difficulté de lecture, contre 11,5 % en moyenne nationale[55]. Ces chiffres soulignent les défis auxquels sont confrontés les élèves rencontrant des difficultés linguistiques. En effet, cette situation peut rendre l'apprentissage à distance plus compliqué, en termes de compréhension des instructions et des contenus en ligne. Les élèves qui luttent avec la langue française peuvent avoir du mal à suivre les leçons, à assimiler les concepts et à accomplir les tâches assignées. Cela peut engendrer un sentiment d'isolement et de découragement, limitant ainsi leur participation effective à l'apprentissage en ligne.

---

[54] « Le système dans les académies ultramarines », Cour des comptes, décembre 2020, p. 74.
[55] Données Journées défense et citoyenneté, 2018.

Initiatives et solutions mises en place

Elles sont multivariées allant de la prise en compte des situations individuelles à celles du territoire.

Ressources et moyens mobilisés

Pour maintenir le contact avec les élèves et leurs familles pendant la fermeture des écoles, les enseignants avaient utilisé diverses méthodes : courriels, appels téléphoniques, distributions de supports papiers. Le moyen de communication varie en fonction de plusieurs critères : âge des élèves, équipements disponibles, réseau internet, besoins de l'élève, etc.

Quel que soit le niveau des élèves, la plate-forme numérique de vie scolaire Pronote a été systématiquement utilisée par les enseignants, il s'agit d'un espace fédérateur dans lequel tous les travaux et ressources pédagogiques sont compilés, permettant aux élèves qui se connectent tardivement de retrouver tout le contenu pédagogique déjà partagé. Elle a été utilisée par 60 % des élèves interrogés. Les échanges par courriels étaient cités en deuxième lieu dans le second degré et le supérieur (50 % de l'effectif total).

L'usage des séances de classes virtuelles était moins généralisé, deux élèves parmi cinq du lycée général ont déclaré avoir suivi des séances via le dispositif « Ma classe à la maison », ainsi que les deux étudiantes de l'université, ayant suivi des séances à l'aide d'outils de visioconférence.

Figure 1 : Outils et ressources utilisés par les enseignants des établissements interrogés

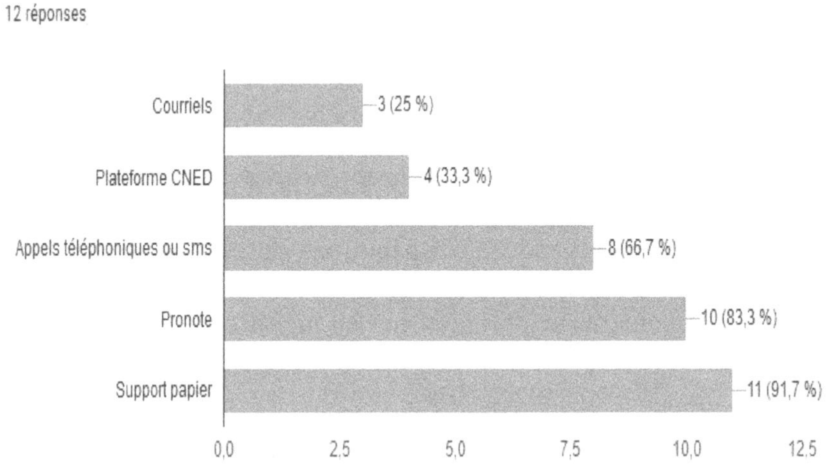

Source : Graphique réalisé par l'auteur (Ouissal El Makhanter, 2021)

D'autres supports non interactifs

Pour entrer en contact avec les élèves dans les zones où l'accès à Internet est limité, les enseignants ont pris l'initiative de créer des groupes WhatsApp permettant de garder un lien direct avec leurs élèves et de les accompagner d'un point de vue technique, tout en partageant des contenus pédagogiques.

En ce qui concerne les élèves sans équipements, il a été nécessaire de recourir aux supports papiers (manuels scolaires, livres, fichiers d'exercices…) pour compenser les problèmes de réseau afin de rendre les ressources éducatives accessibles au plus grand nombre. Ces supports proposés par les enseignants correspondent au niveau des élèves du point de vue contenus et présentation et s'affranchissent des contraintes des autres moyens. Toutefois, leur mise à disposition a demandé une organisation spécifique pour respecter la distanciation sociale, les familles pouvaient ainsi récupérer les documents à des heures convenues dans les établissements.

La cheffe coutumière du village Cécilia a signalé avoir reçu de l'aide de la part d'une directrice d'école, qui lui fournissait de l'encre et du papier pour imprimer les devoirs et ressources pédagogiques que les enseignants ont dû envoyer aux élèves du village.

Les mesures de confinement et de fermeture d'écoles ont fragilisé d'autant plus les élèves originaires de zones enclavées, souvent hébergés par des tiers ou en internat, qui ont été contraints de rejoindre leur famille. À cet effet, le suivi des apprentissages leur a été difficile non seulement par manque d'équipements informatiques (ordinateur, tablette...) et d'infrastructures comme le réseau électrique, téléphonique et internet, mais aussi par l'éloignement géographique, qui ne leur permet pas de récupérer physiquement les supports papiers.

Cette période a également été éprouvante pour les élèves à besoins éducatifs particuliers (les élèves en situation de handicap, les élèves de SEGPA[56], les élèves ULIS[57], les allophones). Faute de matériel nécessaire, de supports adaptés et de soutien, ils n'ont pas suivi leurs apprentissages. Comme l'a témoigné le parent de l'élève ULIS qui fait partie de nos répondants, sa fille n'a eu contact avec aucun de ses enseignants. Ceci renvoie à l'importance de proposer une approche éducative inclusive qui doit prendre en compte les besoins des enfants les plus marginalisés.

Autonomie des élèves

Avec la continuité pédagogique, l'autonomie des élèves face aux activités a été difficilement assurée et le soutien des parents ne peut s'y substituer.

L'enseignement à distance requiert la collaboration des parents pour accompagner leurs enfants dans le suivi scolaire. Cependant, certains parents ne peuvent assurer ce suivi dans de bonnes conditions, car ils n'ont pas été scolarisés ou ayant un faible niveau d'instruction. Ils se trouvent ainsi dans l'incapacité d'apporter de l'aide à leurs enfants, mais mobilisent toutefois des méthodes d'accompagnement plus directes comme la surveillance des devoirs. Tandis que les parents des élèves de milieu favorisé sont en mesure de superviser le travail de leurs enfants et de les aider, mais ils ont souvent manqué de temps pour le faire.

Il s'avère que l'autonomie des élèves est une clé indispensable pour poursuivre l'apprentissage à distance. Tout le monde ne peut pas apprendre à distance ; la capacité de se débrouiller tout seul, de s'organiser et de gérer son temps joue un rôle important dans

[56] Sections d'enseignement général et professionnel adapté.
[57] Unités localisées pour l'inclusion scolaire.

l'apprentissage (Bellier S., 2001) et leur absence est souvent compensée à l'école par l'accompagnement des enseignants.

Travailler en autonomie dépend largement du niveau scolaire de l'élève et de sa motivation à apprendre. Généralement, les élèves ayant un bon niveau scolaire ont été globalement autonomes pour travailler pendant le confinement, contrairement à ceux rencontrant des difficultés scolaires en temps normal, la télé-scolarité leur a été difficile.

Il convient de rappeler que les éléments clés de l'enseignement en présentiel tiennent à la vérification en temps réel que les modalités pédagogiques sont suivies par tous. L'interaction avec la classe et les effets de groupe qui renforcent l'apprentissage sont autant de facteurs qui viennent interférer avec la motivation d'apprendre (Bellier S., 2001). En l'absence de ces conditions et face à des consignes parfois confuses ou trop complexes, les élèves se sont retrouvés en difficultés d'apprentissage et d'organisation.

Répercussions sur les élèves

Éclipse de l'engagement des élèves

La mise en place de l'enseignement à distance a mis en évidence une double « fracture numérique » : la première étant liée à la variation dans l'accès au numérique, c'est-à-dire la disposition ou non d'un ordinateur, et/ou d'une connexion internet, et la deuxième relative à l'usage et à la maîtrise des technologies de l'information et de la communication dans leur diversité (Granjon F., 2004).

Notre enquête sur terrain au village Cécilia a montré que les élèves interrogés sont tous équipés en matériel informatique (connexion internet, ordinateur portable ou fixe, tablette personnelle ou smartphone) alors que seulement un tiers disposent d'une imprimante. Toutefois, ce matériel est souvent partagé avec les parents, ou frères et sœurs, ce qui réduit fortement la fréquence d'utilisation de l'outil par élève, c'est donc le temps consacré aux activités scolaires qui s'en trouve profondément impacté. 93 % des élèves ont travaillé moins de trois heures par jour, contre 7 % ayant consacré plus que quatre heures par jour.

Les deux étudiantes, faisant partie de notre échantillon de répondants, partagent également le même ordinateur, elles l'utilisent donc à tour de rôle. Vu que les séances de cours étaient proposées en asynchrone, cela ne posait pas de problème à l'accès aux cours, cependant l'organisation en termes de temps et d'espace n'a pas toujours été évidente.

Ces chiffres montrent que quand le matériel informatique n'est pas tout le temps disponible, l'engagement et l'investissement des élèves ont tendance à diminuer.

Ressources technologiques limitées : Influence sur l'apprentissage

Les chefs d'établissements pointent des différences selon les voies[58], tant entre les élèves du baccalauréat général et ceux du baccalauréat professionnel qu'entre les élèves du CAP[59] et ceux du baccalauréat professionnel (figure 2).

Ils déplorent un grand nombre de désengagement et de rupture scolaire parmi les élèves préparant un CAP. Selon eux, cette situation est attribuée principalement à la proportion élevée d'élèves de nationalité étrangère[60], vivant du côté surinamais et scolarisés en Guyane, qui suite au confinement ont dû rester dans leurs familles.

Par ailleurs, ils maîtrisent souvent mal la langue française aussi bien à l'oral qu'à l'écrit. S'ils peinent souvent à comprendre les consignes en classe, la distance accroît leurs difficultés.

---

[58] La voie professionnelle et la voie générale et technologique.

[59] Certificat d'aptitude professionnelle.

[60] Près d'un Guyanais sur trois est d'origine étrangère, Projet académique 2018-2021.

Figure 2 : Pourcentage des élèves actifs pendant le confinement[61]

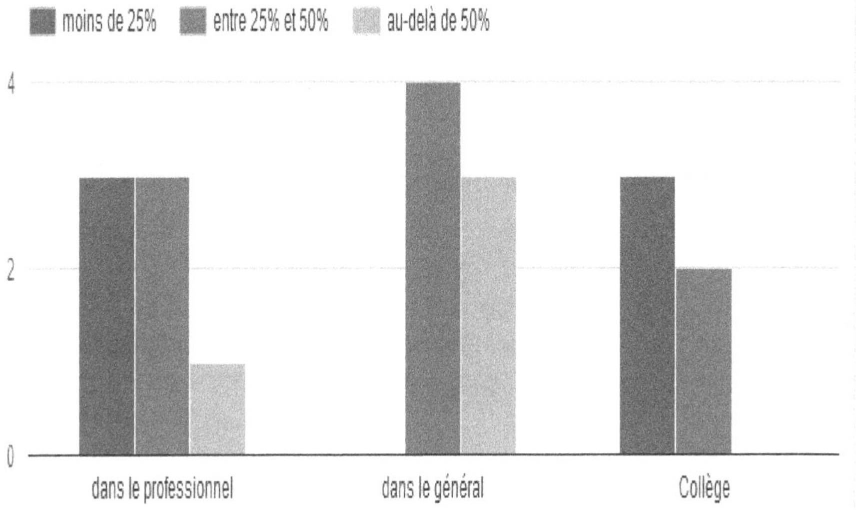

Source : Graphique réalisé par l'auteur (Ouissal El Makhanter, 2021)

[61] On entend par élève « actif » tout élève ayant répondu aux sollicitations, qui questionnait ou renvoyait du travail aux enseignants.

Figure 3 : Nombre d'élèves en situation de rupture numérique

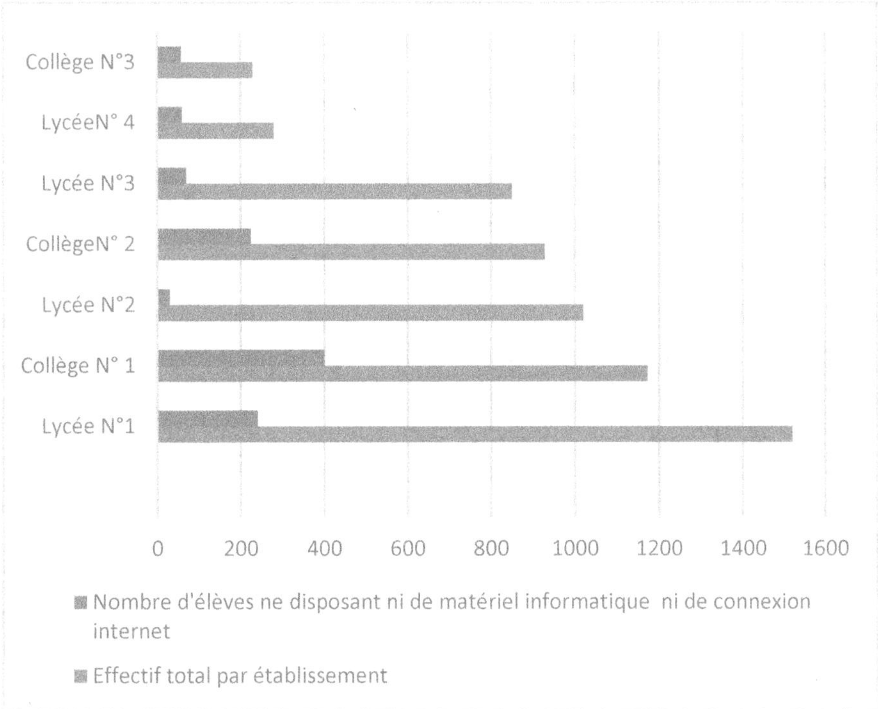

Source : Graphique réalisé par l'auteur (Ouissal El Makhanter, 2021)

Sept établissements sur douze ont répondu à la question du nombre d'élèves en situation de rupture numérique, le nombre varie d'un établissement à l'autre. En moyenne, le pourcentage de ces élèves est de 39 %. On constate que malgré la multiplication des modes de communication pour toucher tous les élèves, bon nombre d'entre eux ont rompu tout lien avec l'école.

Inégalités sociales et enjeux d'espace

L'interruption scolaire a déstabilisé les repères d'apprentissage et a favorisé le creusement des disparités sociales, scolaires et numériques entre élèves. En particulier pour ceux issus de milieux socio-économiques fragiles et défavorisés, qui n'offrent pas un cadre propice au travail.

Aux difficultés d'apprentissage s'ajoutent les effets négatifs d'un ralentissement économique, qui pèse sur les revenus des familles, entraînant des chocs sociaux et augmentant le risque de déscolarisation. En Guyane, l'activité économique s'est rétractée de 25 % pendant le premier confinement[62], de plus, 53 % de la population vit en deçà du seuil national de pauvreté[63].

D'après les données de l'Académie de Guyane, la majorité des élèves est issue de milieux sociaux défavorisés : 57 % de PCS (Professions et catégories sociales) défavorisées, et 36 % de chômage[64].

Selon l'INSEE, le nombre moyen de personnes par ménage en Guyane s'élève à 4,1 contre 2,9 en France (hors ménage de personnes seules), ce qui représente une suroccupation de 35 % des résidences principales, c'est-à-dire que le nombre de pièces est insuffisant par rapport au nombre de personnes qui y vit. Cette situation impacte négativement la poursuite d'apprentissage à domicile, qui repose entre autres sur la possibilité d'avoir un espace calme pour étudier. Selon notre enquête, 78 % des enfants interrogés au village Cécilia vivent dans des familles nombreuses de plus de cinq personnes, ils ont déclaré avoir manqué de place pour travailler dans le calme et s'organiser.

Tableau 1 : Composition du foyer

[1 ; 3]	1
[4 ; 5]	5
➢ 5	8

Source : Tableau réalisé par l'auteur (Ouissal El Makhanter, 2021)

62 CEROM, « Guyane, un recul de l'activité économique de 25 % pendant le confinement » n° 31, juin 2020.
63 INSEE, « Budget de famille 2017 ».
64 Références statistiques de l'Académie de Guyane, « Projet académique 2018-2021 », *op. cit.*

L'apprentissage en ligne requiert une discipline personnelle et une motivation intrinsèque plus forte afin de maintenir un engagement constant. Cela peut constituer une difficulté supplémentaire pour les élèves qui luttent déjà avec des circonstances défavorables.

Ces difficultés liées aux conditions matérielles (manque de matériel, problème de connexion et manque de place) sont très corrélées à l'origine sociale des élèves et touchent a fortiori les plus démunis.

4. Analyse des conséquences de la pandémie sur l'apprentissage

Les effets de la pandémie sur l'apprentissage scolaire à court et à moyen terme devraient être importants, notamment par la transition urgente vers l'apprentissage en ligne. Les observations à l'échelle internationale ont déjà mis en évidence les difficultés auxquelles les écoles ont été confrontées pour intégrer les technologies de l'information et de la communication dans l'enseignement. Cette éventuelle perte d'apprentissage est déterminée par l'association de deux facteurs :

- D'un côté, le volume de connaissances acquises par les élèves pendant la fermeture des écoles dépend de l'efficacité des solutions proposées pour assurer la continuité pédagogique.
- D'un autre côté, le nombre d'élèves qui a continué à étudier pendant la fermeture des écoles représente la proportion d'élèves qui a pris part aux solutions de continuité pédagogique.

L'écart de compétences entre élèves selon le milieu socio-économique pourrait augmenter de plus de 30 %.

La Banque mondiale a arrêté trois scénarios possibles pour l'évolution de la « courbe d'apprentissage » qui pourraient affecter considérablement les niveaux d'apprentissage des élèves durant les périodes de fermeture des écoles : une diminution du niveau scolaire moyen, un écart-type plus élevé en raison des inégalités de la crise ou une forte augmentation du nombre d'élèves en situation d'échec scolaire.

Figure 4 : la courbe d'apprentissage

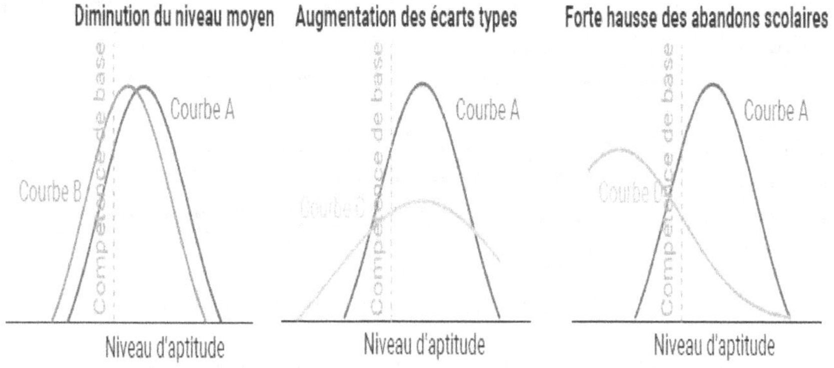

Source: https://blogs.worldbank.org/education/we-should-avoid-flattening-curve-education-possible-scenarios-learning-loss-during-school.

Le premier scénario consiste en la diminution du niveau d'apprentissage moyen des élèves, malgré les efforts déployés par les systèmes scolaires pour mettre en place un enseignement à distance. La variation du temps d'enseignement est associée à la perte d'apprentissage. Les élèves d'un même établissement n'auront pas la même expérience ni la même réaction face à l'environnement d'apprentissage à distance.

Dans leur étude intitulée « Projecting the potential impacts of Covid-19 school closures on academic achievement » (Kuhfeld *et al.*, 2020), les chercheurs soulèvent un point important concernant la variabilité des compétences. Ils observent que sous l'impact de la fermeture des écoles, les élèves sont susceptibles de développer une plus grande variabilité dans leurs compétences scolaires par rapport à des circonstances normales. Cette variabilité peut être attribuée à plusieurs facteurs :

D'abord, l'apprentissage à distance peut introduire de nouvelles méthodes qui favorisent des approches individuelles de l'apprentissage. Certains élèves pourraient prospérer dans ce contexte, tandis que d'autres pourraient trouver ces nouvelles méthodes moins adaptées à leur méthode d'apprentissage habituelle. De plus, les circonstances personnelles des élèves telles que l'environnement familial et le niveau de soutien peuvent contribuer à des variations dans les performances.

Ensuite, la courbe pourrait s'aplatir en raison des effets inégaux de la crise, entraînant ainsi une augmentation de l'écart-type. Selon ce scénario, les élèves ayant un niveau de compétences plus élevé prendraient de l'avance, tandis que les élèves ayant un niveau inférieur au minimum requis accumuleraient encore plus de retard.

Enfin, la courbe pourrait changer en raison de l'abandon scolaire provoqué par les répercussions économiques de la crise, touchant à la fois la demande et l'offre. Le choc des revenus peut conduire les familles à demander à leurs enfants de travailler au lieu de retourner à l'école. Du côté de l'offre, la conjoncture économique difficile pourrait contraindre le ministère de l'Éducation à réduire le nombre d'enseignants ou à fusionner des établissements afin de réduire les coûts.

En Guyane, nous estimons que le deuxième scénario pourrait avoir un impact d'une ampleur conséquente sur un grand nombre d'élèves, en particulier ceux issus de milieux sociaux défavorisés. Ces élèves, qui ne bénéficient pas d'un environnement propice à l'apprentissage, sont confrontés à une série de défis tels que la pauvreté, la surpopulation des logements, le manque d'équipements informatiques et même l'absence de compétences numériques. Tous ces facteurs interagissent pour exacerber les pertes d'apprentissage.
Les perturbations socio-économiques pourraient également accentuer le taux de pauvreté, du fait que la diminution des opportunités de travail pourrait creuser davantage les disparités.

Les difficultés d'enseignement pendant le confinement

Les difficultés éprouvées par les élèves pendant le confinement ont été catégorisées en trois rubriques, classées par ordre d'importance : organisationnelles, matérielles et interactionnelles.

Ils ont déploré des difficultés d'organisation et de compréhension des cours (57 %), notamment dans un contexte inédit et anxiogène, dans la mesure où ils étaient livrés à eux-mêmes, seuls face à l'organisation à la fois de leur temps, en choisissant le moment et le rythme approprié, et de leur travail, pour effectuer des activités scolaires souvent incompréhensives ou trop complexes.

La question matérielle (50 %) vient en deuxième place, elle est l'une des difficultés majeures repérées dans l'exercice de la continuité pédagogique. L'accès à l'outil numérique a été problématique pour de nombreuses familles : un ordinateur par foyer, généralement partagé entre frères et sœurs, ou avec les parents qui l'utilisaient pour le télétravail.

Le manque de disponibilité et de soutien des enseignants (42 %) a été ensuite désigné comme difficulté. Dans un contexte virtuel, la gestion du temps entre les demandes de l'élève et les réponses apportées par l'enseignant était un facteur fondamental de la qualité d'encadrement et d'accompagnement.

Les entretiens avec les chefs d'établissements ont permis de dresser un état des difficultés qui ont entravé la mise en œuvre d'une continuité pédagogique optimale.

Les réponses à cette question ont été classées selon leur fréquence d'apparition.

Les principales difficultés ont trait à la barrière technologique. En l'absence d'outils informatiques et d'accès à l'espace numérique, la poursuite d'apprentissage ne peut être accessible à tous.

En deuxième place, ils signalent la collaboration des parents, qui ont été fortement sollicités pendant cette période pour accompagner leurs enfants dans leurs apprentissages, en effet, leur implication est susceptible de garantir l'efficacité éducative, cependant, elle a été difficilement assurée, faute de maîtriser la langue (familles allophones ou faiblement alphabètes) et de comprendre les consignes.

Ils évoquent ensuite l'éloignement et la distance géographique incriminant fortement les élèves dont les parents vivent en amont du fleuve, qui, sans conteste, génèrent des entraves communicationnelles dues à une infrastructure non développée et n'offrent pas une équité à l'accès au savoir dans ces conditions inédites.

Enfin, ils mettent en avant un manque de formation des enseignants sur l'adaptation et la scénarisation des cours à distance. La crise a en effet imposé une rupture avec les pratiques pédagogiques traditionnelles amenant les enseignants à changer leur méthode d'enseignement, sans n'être formés ni disposer de ressources suffisantes, ils ont donc proposé des contenus pédagogiques qu'ils sont habitués à donner dans les classes. Pourtant, ces contenus ne sont pas adaptés à l'enseignement à distance.

Malgré les difficultés avancées, il ressort que la continuité pédagogique a renforcé le lien école-famille, en impliquant davantage les parents dans le processus d'apprentissage, qui pendant le confinement jouaient un rôle déterminant dans la poursuite des apprentissages de leurs enfants.
Au-delà de la consolidation des connaissances et de l'acquisition de compétences, l'enjeu majeur de la continuité pédagogique était de maintenir un lien social avec les élèves, afin d'éviter leur décrochage.

Conclusion

La crise Covid-19 a causé la plus grande perturbation du mode d'enseignement. Elle a imposé l'usage des nouvelles technologies et l'adoption de l'enseignement à distance comme alternative viable à l'enseignement présentiel.

L'enseignement à distance repose en effet sur la distance comme fondement de la relation pédagogique (Jacquinot, 1993). Ce qui a réduit les interactions sociales et éducatives entre élèves et enseignants, qui, pendant la période de fermeture des écoles, pouvaient échanger uniquement par le biais d'outil numérique.

Elle a mis en exergue de nombreuses vulnérabilités en matière d'accès équitable à l'apprentissage ; l'équipement technique fait largement défaut, et le système éducatif en Guyane est tributaire de fortes contraintes structurelles ; géographiques, économiques et socioculturelles, entravant la mise en œuvre d'une continuité pédagogique égalitaire pendant le confinement, ayant renforcé les inégalités scolaires et sociales.

Si cette crise a mis en avant les inégalités socio-scolaires et mis en difficulté certaines familles, elle a été aussi l'occasion d'une prise de conscience sur plusieurs enjeux de l'éducation : l'appropriation des nouvelles technologies, l'importance des compétences numériques et l'implication des parents. Elle a également révélé les capacités d'adaptation des acteurs de l'éducation, des élèves et des familles pour pallier les difficultés et proposer une éducation accessible pour tous.

Références

BELLIER S. Le *e-learning*, Éditions Liaisons, 2001.

BERNE M. R. (2020). « L'éducation en situations de crise », Rapport de la délégation suisse.

CARLE J.-C., KARAM A., LAFON L. (2018). « Le système éducatif en Guyane pour un état d'urgence éducatif », Note de synthèse n° DLC-102, 2018.

CANDELLIER C., Le GALLIOT P. (2021) (Janvier 2021). *Les problèmes des politiques de l'éducation en Guyane française*, publié par Generation for Rights Over the World.

CROUZIER M.-F., SORÈZE M. (2020). « Relance de l'éducation prioritaire en Guyane : l'ambition de la réussite », Cayenne, Guyane.

RAPPORT (2021). « Constat d'effectifs d'élèves du 2nd degré et du 1er degré, Secteur public et privé sous contrat Académie de Guyane », Rentrée scolaire 2020/2021. Mise à jour, octobre 2020.

GRANJON F. (2004). « Les sociologies de la "fracture numérique". Premiers jalons critiques pour une revue de la littérature », *Questions de communication* n° 6, Metz, PUM, p. 217-232.

JACQUINOT G. (1993). « Apprivoiser la distance et supprimer l'absence ? Ou les défis de la formation à distance », *Revue française de pédagogie*, 102, 55-67.

LÉGLISE I. (éd.), MIGGE B. (éd.), CERQUIGLINI B. (préf.) (2007), *Pratiques et représentations linguistiques en Guyane : regards croisés.* Paris : IRD.

LÉGLISE I. (2007). « Des langues, des domaines, des régions. Pratiques, variations, attitudes linguistiques en Guyane », in *Pratiques et représentations linguistiques en Guyane : regards croisés*, édité par Léglise I., Migge B., p. 29-47. Paris : IRD Éditions.

LÉOBALD C. (2013). « Saint-Laurent-du-Maroni : Une porte sur le fleuve ». Ibis Rouge Éditions, Cayenne, Guyane.

LOLLIA M., ISSAÏEVA E. (2020). « Comment les enseignants assurent la continuité pédagogique et évaluent en contexte de pandémie ? Une étude en Guadeloupe. Évaluer », *Journal international de recherche en éducation et formation*, numéro Hors-Série, 1, 181-192.

RAPPORT (2020). « L'Enseignement à distance en contexte COVID-19 : acquis et perspectives en Afrique subsaharienne », Programme régional d'appui au pilotage de la qualité à l'enseignement de base, IIPE-UNESCO Dakar.

RAPPORT (2020). « Le système éducatif dans les académies ultramarines » : Communication à la commission des finances du Sénat, décembre, Paris, France.
RAPPORT (2020). « Cour des comptes » – www.ccomptes.fr-@Courdescomptes.
RAPPORT (2020). « Les usages pédagogiques du numérique en situation pandémique durant la période de mars à juin 2020. Les usages pédagogiques du numérique au service de la réussite scolaire », IGESR 2020-133, octobre 2020.
POUZARD G., ROGER M. (2000). « L'enseignement à distance : sa contribution à la réussite des élèves ». Rapport pour le ministère de l'Éducation nationale.
PYBOURDIN I. (2009). *Construction de la fracture par les usages dans l'enseignement*, Lavoisier, Paris.
STUDER B., PETIT M. (2019). « La mission effectuée en Guyane sur la rentrée scolaire (13-19 octobre 2019) », Rapport d'information déposé en application de l'article 145 du règlement par la commission des affaires culturelles et de l'éducation, UNESCO.
RAPPORT (2004). « Technologies de l'information et de la communication en éducation ». Un programme d'enseignement et un cadre pour la formation continue des enseignants. Note de synthèse : l'éducation en temps de Covid-19 et après août 2020, Nations Unies. https://www.un.org/sites/un2.un.org/files/policy_brief_-education_during_covid-19_and_beyond_french.pdf
LUCAS J.-F. (2021). « La Covid-19, accélératrice et amplificatrice des fractures numériques », https://www.sciencespo.fr/public/chaire-numerique/wp-content/uploads/2020/10/COVID-19-acc %C3 %A9l %C3 %A9ratrice-et-amplificatrice-des-fractures num %C3 %A9riques-J.F.-Lucas.pdf
RAPPORT (2021). « Guyane, les défis de droit à l'éducation », rapport de recherche. https://www.defenseurdesdroits.fr/fr/etudes-et-recherches/2021/07/etudes-et-resultats-guyane-les-defis-du-droit-a-leducation
PROJET ACADÉMIQUE (2018-2021). « Académie de Guyane ». http://cache.media.education.gouv.fr/file/Mediatheque/05/0/projet_academique_2018-2021_969050.pdf

Article

Economic Intelligence: Conceptual application and analysis in a developing tourist destination context. The case of Haiti

Hugues Séraphin

Paul Roselé Chim

Résumé En Haïti, les besoins de la population locale ne sont pas satisfaits. L'éducation fait partie des besoins non satisfaits, bien qu'il soit de notoriété publique que l'intelligence économique est importante pour le développement d'un pays. Le document suggère que les universités (organisations éducatives), les organisations touristiques (entreprises) et les étudiants (apprenants) travaillent ensemble pour le succès et la durabilité de l'industrie. L'autre alternative pour un développement durable de l'industrie du tourisme en Haïti est la diaspora. Les membres de la diaspora sont éduqués et expérimentés et constituent donc un potentiel important en termes de développement territorial.

Abstract In Haiti, the needs of the locals are not met. Among the needs not met, is education, despite the fact it is common knowledge that economic intelligence is important for the development of a country. The paper is suggested that universities (education organisations), tourism organisations (businesses) and students (learners) should work together for the success and the sustainability of the industry. The other alternative for a sustainable development of the tourism industry in Haiti is the diaspora. The members of the diaspora are educated and experienced and subsequently constitute an important potential in terms of territorial development.

Mots-clés : Intelligence économique, éducation, tourisme
Keywords: Economic intelligence, education, tourism

Introduction

In 1994, the National Advisory Council for Education and Training Targets (NACETT) claimed that "In the future, the most successful nations will be those which develop high quality, skilled and motivated workforces and those which make the most of the talents of all their people". On a one hand, this statement highlights the link between Strategic Economic Intelligence Development (SEI) and the economic development of territories. On the other hand, the statement points out the role played by training provision and education in the performance of a destination. This has been an ongoing topic in research about human capital and economic growth (Schultz, 1963; Becker, 1964; Smith, 1776) where education is compared to an investment and people to an asset. In a tourism management context, training and courses need to reflect the needs of the industry in order to have an impact on the performance of the destination as success is partly based on the ability of the destination to adapt to changes (Dwyer, Cvelbar, Edwards & Mihalic, 2011). In Haiti, the level and provision of courses in tourism and hospitality are quite low (Théodat, 2004; Dore, 2010). Moreover, working in the sector is compared to servility instead of service. It is a pending issue in the Caribbean (Raboteur, 2000; Roselé Chim & Raboteur, 2007, 2009, 2014). Human Resources Management in the tourism and hospitality sector is therefore an issue in Haiti (Séraphin, 2013a, b). This study embraces the full spectrum of Economic Intelligence and argues the fact that innovation in an education context can play an important role in terms of improvement of the touristicity of a destination. To substantiate our claim, this study is going to use Haiti as a case study and is going to be organised into 3 sections: First, a literature review on keywords (Economic Intelligence, Territorial Intelligence, Research, Human Resources, Stakeholders) surrounding the topic of the paper with an emphasis on the interrelation between them. Secondly, a case study highlighting the strategy implemented by the DMO to ensure some kind of continuity between the industry's needs and training provision. Last but not least, based on our finding we are going to suggest SMART recommendations to maximise the touristicity of the destination using professional training as a tool.

1. Literature review

A. An overview of potential challenges for Haiti

No matter the size or nature of a business, "competition is one of the most inevitable issues in today's business world" (Sohel, Rahman & Uddin, 2014: 40). "Tourism and hospitality have been recognised as a major economic factor worldwide and competition between destinations for present and future tourists" (Callixte & Werdler, 2014: 83). However, in the tourism industry, competition is the main driver of tourism innovation (Edgell Sr & Swanson, 2013). In the same line of thought, the success of a destination is influenced by its competitiveness (Enright & Newton, 2004). The market conditions and business environment in which tourism operates are constantly changing requiring businesses to adapt, to develop strategies and to be innovative to retain their position (Page, 2013). The need to be competitive goes beyond keeping a position. It is also a pre-requisite for any tourism poverty reduction strategy to be operationalised (Holden, 2013). With globalisation the tourists have more choices, therefore increasing the competition between destinations *(Idem)*. Performance becomes a key feature of competitiveness *(Ibid.)*. As a consequence of this competitive context, various competitive analysis techniques and tools to help formulate and implement strategies have appeared (Sohel *et al.*, 2014).

Benchmarking is one of the tools used in the tourism industry (Page, 2013). INNOTOUR is another one. The purpose of this web-based platform is to "gather strategic intelligence related to tourism and present it in a meaningful and useful ways to tourism professionals" (Edgell Sr & Swanson, 2013: 69). The rationales behind this web-based platform are dual: To increase competitiveness and trigger higher demand for tourism globally (Edgell Sr & Swanson, 2013: 69). This example shows how important is (strategic) intelligence in a competitive environment (like the tourism industry). In this study, the term "intelligence" is to be understood as "the interpretation and presentation of raw information or data to produce finished reports or analyses offered to inform policy making consumers" (Zelikow, 2004: 9). In the process of presenting data it in a meaningful and useful ways to tourism professionals, Human Capital (HC) is central. Among the factors that make a stable and sustainable growth, human factor counts the most particularly in emerging market economies like Asia, Africa and Latin America (Ahmed, 2014). Haiti being in Latin America, human factor is therefore one of the key elements of tourism development and competitiveness. As Bertacchini and Dou (2001) believe that territorial competitive intelligence can be achieved by gathering local actors of different cultures, experiences and expertise and providing training adapted to local realities, one of the biggest challenge for the Haitian government and the bodies in charge of the tourism sector will be to identify and mobilise a suitable pool of tourism experts or intelligentsia due to the fact that Haiti suffers from a brain drain due to the political instability since François Duvalier (Séraphin, 2014a). The diaspora, which can be compared to a brain gain, represents at the moment the most and only serious option for Haiti in terms of intelligence transfer, therefore competitiveness for the tourism sector (Groot & Gibbons, 2007; Séraphin, 2014b). The challenge for the Haitian government is to have the diaspora back to their home country. Emotional Intelligence (EI), or "the ability to perceive and understand emotions of individuals and utilise this information to guide one's actions" can be used to convince the diaspora. It is all the more realistic as there are evidence that the Haitian diaspora is strongly attached to *"Lakay"* (Séraphin, 2014b; Paul & Séraphin, 2014), which means "home" in Creole. As for Liburd and Hjalager (2010), they argue grounded theory and consolidated practice are important in terms of tourism education efficiency. In this study, we are going a step further by saying that tourism education efficiency contributes to destination performance and we also support Liburd and Hjalager (2010) claim about the fact that university should work closely with the industry, subsequently transforming their "Ivory Tower" into a "watch tower". Lewis-Cameron (2014) who supports the fact that tourism education plays a role in destination competitiveness endorses Liburd and Hjalager (2010) thought about the fact key stakeholders need to be involved. She goes a step further by adding that tourism education plays a critical role in the competiveness of the Caribbean and also in preparing future Caribbean leaders. In this paper, training in tourism and particularly the institutions or individuals providing the training will be scrutinised. Innovation that we define as "the essence of being creative and of bringing new ideas and tourism services to the market" (Poon, 2015: 131) is entirely related to the topic of training and education as Poon (2015) classified training as a route to innovation and attributes the success of The Sandals hotel chain of Jamaica to the adequate range of training programmes provided to the staff. Investment in human resources is therefore vital. As Poon (2015: 129) argues, "that the future of Caribbean tourism will increasingly depend on its innovativeness", another challenge for Haiti will be to provide vocational and higher education qualifications to the people aiming to work in the industry and existing staff and equally important, develop academic research in tourism (therefore research centers). If we consider education institutions as being part of the knowledge business, since they are involved in knowledge creation and dissemination of learning (Rowley, 2000), and to some extent to intelligence creation and dissemination, all the stakeholders involved in this process are important, all the more in the context of Haiti as they are scant at the moment. As the provision of high-quality education and training is key for the competitiveness of the Caribbean in the changing tourism landscape (Lewis-Cameron, 2014) the real challenge for Haiti is how to become and remain competitive in this new environment using education (knowledge/intelligence transfer). The case of the Dominican Republic (leading destination of the Caribbean) higher education institutions in tourism designing the curriculum of their courses in partnership with professionals to ensure that the students have direct contact with the industry (Peguero Manzanares, Sanmartin Antolin & Iglesias Xamani, 2014) supports the fact that education can be a competitive advantage. Rwanda that suffers from a negative image due to a history of political instability and violence (like Haiti) also considers education and training as the way forward for the development of their tourism industry (Callixte & Werdler, 2014) Destination performance and competitiveness is most of the time analysed using quantitative approach (Barros, 2011; Botti, 2008). Despite the different example of research about education and competitive advantage, there appears to have been little applied research putting forward a clear strategy to turn education system of a destination into a competitive factor, never mind a strategy using intelligence transfer and innovation. This paper is designed to address this gap. But above all, it is the topic of sustainable growth that is underpinning. Given that small islands are constantly under pressure to be both competitive and sustainable (Cooper, 2002), the objective of the paper is to identify the mechanism required to trigger and foster the development of these territories. So doing, we are going to rely heavily of Economic Intelligence that we self-define in this paper as the process of taking the right decision at the right time with a deep emphasis on innovation. In order to remain competitive and reduce the negative impacts of competition, EI can therefore be a very useful tool that local authorities in charge of economic development (in our case, tourism) could use. Cooperation between the different stakeholders (private sector, public sector and voluntary sector) is an essential element for success. Due to a low interpersonal trust between Haitians and low trust of the Haitians toward the institutions of the government (Séraphin & Butler, 2013), it is legitimate to wonder whether or not EI can be implemented in Haiti. This is the last challenge for Haiti that this section of the paper is pointing out.

B. Economic Intelligence: Background and potential application of a Janusian concept

When Economic Intelligence appeared in the 1970s in the USA it was exclusively applied to corporate management (Aguilar F. J., 1967; Ansoff I., 1975 ; 1984 ; Wilensky H., 1967 ; Kefalas A., Schoderberk P. P., 1973 ; Keegan W. J., 1974 ; Terry P. T., 1977 ; Neubauer F. F., Solomon N. B., 1977 ; Jaffe Ed., 1979; Porter M., 1980). The concept became popular in Europe and particular in France in the 1990s thanks to the research of Philippe Baumard who co-authored the Martre Report (1993, 1994). Other researchers like Stevan DEDIJER, Robert Guillaumot, Christian Harbulot also played a major role in the development of Economic Intelligence in France. The Carayon Report (2003), praised by Alain Juillet also contributed to popularised this new

approach. The concept of EI has evolved throughout the years Prescott (1995):
Stage 1 – Goes from 1960s to 1970s is called *Competitive Data Gathering* and focus on data collection (Aguilar, Cleland & King, 1975; Montgomery & Weinberg, 1979, 1998).
Stage 2 – Known as *Industry Competitor Analysis* appears in the 1980s and was largely influenced by Porter (1980) but popularised by Sammon, Kurland & Spitalnic (1984), Fuld (1985) and Kelly (1987).
Stage 3 – *Competitive Intelligence for decision making* in the 1990s questions the real ability of the concept in terms of assisting effectively with decision making and its impacts of profits (Ghoshal & Westney, 1991).
Stage 4 – *Competitive Intelligence as a core capacity* epitomised by Prescott (1995) focuses on the human dimension.
Our study on tourism development in Haiti is focusing on the latest stage of EI. Based on our findings, it becomes therefore legitimate to wonder whether some territories are intelligent and others, less or not at all (Janin, Grasset, Lapostolle & Turquin, 2011). In which category is Haiti? Based on the fact that tourism is a very competitive sector (Callixte and Werdler, 2014) and also based on the fact that EI has proven its importance in competitive environment (Bournois and Romani, 2000), no matter where Haiti is on the spectrum, EI appears has a prerequisite for the success of the tourism sector in Haiti. However, when looking closely at the concept of EI, it can be compared to a Janusian concept as it put together two opposite dynamics, namely cooperation and competition. This new approach gave birth to the term "coopetition", where the different stakeholders are aiming at developing mutual benefits (Brandenburger and Nalebuff, 1996; Luo, 2004); innovating, reducing the production cost; sharing good practice (Hamel, Doz and Prahalad, 1989) and developing technology based alliance (Maulny and Caillaud, 1998; Oxley and Sampson, 2004; Goergen and Beamish, 2005). If we apply the same line of thought developing a tourism venture at Ounaminthe for example could be considered as the starting point of cooperation between Haiti and Dominican Republic. Thus, this Ouanamento venture could be an alternative and offer the visitor an additional option that would be a hybrid destination. This project could take the form of a French model called SEM (Societe d'économie mixte), that is to say a Public Limited Company owned and financed with Public and Private sector capitals. Beyond the economic aspect, this cooperation could ease the

relationship between the two countries. Kim S. S., Prideaux B., Prideaux J. (2007) research on North and South Korea supports the view that tourism can facilitate better intergovernmental relations. This example is not farfetched as on 09 May 2014, the Haitian and Dominican Ministers of Tourism signed a cooperation agreement. This agreement is based around responsible and sustainable tourism development between the two countries. This agreement also includes amongst other things, sharing best practices and the opening of a Haitian Tourist Information Centre (TIC) in Dominican Republic.

C. From Economic Intelligence (EI) to Territorial Intelligence (TI)

Territorial Intelligence (TI) can be defined as the meeting point between the development of a territory and EI (Bertacchini, 2004). As for the success of IE, the success of TI relies on the capacity to be innovative, to manage information and the involvement of all the stakeholders. If we use the human capital to develop the natural assets of Haiti within the framework of sustainable development, tourism can become a successful sector for the economic and social development of Haiti. Das and Sharma (2009) argue that to qualify a tourism industry as prosperous and profitable, it must first seek to enhance the social and economic well-being of the residents who live within its boundaries; it should create business opportunities for residents and must satisfy all the stakeholders and protect the environment in which the tourism activity takes place. This point is equally echoed in the work of Cooper *et al.* (1999), who state that a truly sustainable island destination will recognise that it must satisfy all its stakeholders in the long run and ensure that it maintains a balance between the economy, society and environment. TI can contribute to make a case to small island governments for the application of social entrepreneurship in the sustainable management of their tourism destinations. Given that small islands are constantly under pressure to be both competitive and sustainable (Cooper, 2002), "the tourism sector and entrepreneurship seem to be highly compatible, as in the world the tourism industry is made up of mostly small and medium enterprises run by people inexperienced in business" (Cooper and Hall, 2008). This lack of understanding of the industry by some professional has been highlighted in a study about Mauritius carried by (Gowreesunkar, Van der Sterren and Séraphin, 2015). This study highlighted the fact that most tourism entrepreneurs did not have knowledge on the benefits of social entrepreneurship. They were found to be apprehensive of adopting a new approach, as they were already facing hardships to survive. In their study Gowreesunkar *and al.* (2015) came to the conclusion that unless social entrepreneurship knowledge is disseminated to entrepreneurs, the latter might not be willing to accept this new way of doing business. Governments and tourism planners should realise that the effect of globalisation has transformed the tourism landscape and has made island tourism offer more challenging and less marketable in the minds of the savvy and knowledgeable tourists. To survive in their tourism initiatives, small islands must therefore adopt a more innovative and adaptive approach in their destination management strategies. The same studies revealed that in Haiti as well small entrepreneurs were not interested in sustainability issues and thus had no knowledge on future consequences Gowreesunkar *and al.* (2015). The reasons that could account for this non-receptiveness were:

– Lack of knowledge on the benefit of social entrepreneurship
– Lack of training and education on social entrepreneurship
– Fear of losing business
– Lack of awareness on sustainability threats
– Lack of vision on future of the destination
– Lack of incentives and support from government

Gowreesunkar *and al.* (2015) advocate for integration of social entrepreneurship in tourism management initiatives of both islands as there is a strong need for responsible entrepreneurs who need awareness and critical understanding of tourism. Social entrepreneurship in island tourism has the potential for increased employment opportunities and local economic diversification, increasing economic stability in regions which would often otherwise be vulnerable, point also echoed in the work of Wanhill (1995), Rogerson (2003) and Manyara and Jones (2005). The social entrepreneurs in island tourism can therefore create business opportunity while benefiting the economy, the society and the environment and respecting global citizenship values. It is plausible to suggest that the development of SE in island tourism will not only benefit the local economy but will also foster global citizenship, a pre-condition for the success of any destination management strategy.

Gowreesunkar *and al.* (2015) suggest in their study suggests that tourism entrepreneurs in both destinations need to be progressive and innovative. The results of their research give even more credits to TI and leads naturally to the following section about vocation training and courses in Haiti.

D. Human Resources in the tourism sector in Haiti

According to De Silva (1997), without the right kind of human capital a country will fail to deliver growth. The same can be said about any firm where human resources are the core competences and the most important source of sustained competitive advantage (Adeleye, 2011). For Nickson (2013), Human Resources Management is the means by which an organisation can gain competitive advantage. All the information previously mentioned can also be applied to a tourist destination as besides comparative advantages and price, many other variables determine the competitiveness of their dominion (Botti, Goncalves & Ratsimbanierana, 2011). Performance measurement is essential as it offers an effective method of determining whether or not an organisation (in our case, a destination) is meeting its goals and its mission. Performance measurement is also essential for improvement (Oyango, Edwin, Ouma & Lucas, 2012). In Haiti staff working in the tourism industry with a tourism qualification is rather young with a majority of them being male. Overall, the level of qualifications of people working in the industry is rather low, with most of them holding a qualification in catering. Most people working in the sector are not very dedicated to industry. This is probably partly due to the fact that less than 50% of those qualified do not have a permanent job. As customer service is a key indicator for human resources performance, we have reached the conclusion that Haiti is "scoring very low" as a tourist destination. Now with the increasing number of middle-class diasporas as customers and as entrepreneurs in the tourism sector in Haiti and with new boundaries being pushed by white tourists who want to move in the local spaces, the view of staff might change alongside the change of demography in the sector (Séraphin, 2013b). As human beings are the most important and promising source of growth in productivity and economic growth (Ojo Johnson, 2011), it is therefore very important for Haiti to invest in its human capital via an appropriate TI strategy. This strategy is all the more important as Michel (2000) claims tourism can fully benefit a destination, only if the locals are fully involved in the planning and development of the industry. For Manyara and Jones (2005), micro and small-scale enterprises can increase the participation of the poor in the tourism industry.

2. Case study

A. Profile of the studied destination

Haiti is between the North Atlantic and the Caribbean Sea. It occupies the western, smaller portion of the island of Hispaniola, in the Greater Antillean archipelago, which it shares with the Dominican Republic. It is almost impossible to refer to the period of the slave trade in Haiti without referring to Toussaint Louverture, also called the "Bonaparte of the Antilles" who set free all Haitian slaves. Despite the fact that he recognised the sovereign rights of France, in 1801 Toussaint Louverture was seized by the French in Cap-Français and put on board a ship and ferried as prisoner to France in 1802. In 1803 he was found dead. In 1804, Dessaline declared the independence of Haiti. Haiti became the first black republic. Dessaline then ordered the massacre of most of the whites who had remained on the island (Hector & Hurbon, 2009 cited in Gilles, 2012). However, despite the abolition of slavery, the spirit of slavery remains in the form of a systematic pillaging of the public funds by those in office which has kept the people in poverty (Thomson, 2004). Haiti was once the richest French colony. It was even called the "Pearl of the Antilles", but today it is one of the poorest countries in the world. Indicators witness a very poor level of human development: Life expectancy (62 years), infant mortality (80%), maternal mortality (523 per 100000 live births), and adult illiteracy (50%), unemployment among the active population (around 60%), etc. The vulnerability of the Haitian population is very high with 65 % of the population living below the poverty threshold (Roc, 2008). Between 1800 and 2009, the service sector moved from less than 5% to 60% of the GDP of Haiti. The move from the primary sector as being the main sector of the economy of the country to the service sector is mainly due to a change of activity of a huge part of the population (Bénédique, Daméus & Garrabe, 2010). Tourism is often described as one of the world's largest industries (Cooper and Hall, 2008). When it comes to the Caribbean most people think about sunny, white beach paradise islands, colourful cocktails and lively music. Because the region is very diverse, not all the islands are invested in the branding and marketing of paradise' (Sheller, 2004: 23). For instance, Haiti and the Dominican Republic have two different images. On the one hand we have one of the most visited islands of the Caribbean (The Dominican Republic), on the other hand, Haiti, branded as an insecure destination (Higate & Henry, 2009), is perceived as a place where the worst is always likely to happen (Bonnet, 2010). Haiti was the most popular tourist destination in the Caribbean between 1940e-1960e (Séraphin, 2010) and as such attracted an international jet set. Mick Jagger, Charles Addams, Jackie Kennedy, etc. were among those who popularised Haiti (Thomson, 2004). In fact, in 1951, the island received 10 788 visitors and in 1956, 67 700 tourists visited the island. The number of tourists multiplied by 6 in 5 years (Jules and Laplanche, 2006). In 1957, the dictatorship and the atmosphere of terror organised by Francois Duvalier and his tontons macoutes, crippled the tourism industry of the country. When Jean-Claude Duvalier became president in 1972, the situation of the island improved slightly. In the late 1970s and 1980s things changed drastically for Haiti. During this decade the destination went through a severe economic crisis which developed into a socio-political crisis. Between 1987 and 2004, the number of tourists went from 239 200 in 1987 to 108 868 in 2004, which represents a decrease of more than 54% of the number of visitors in 17 years. In contrast, under the presidency of René Préval (1991-2001 and 2006-2011) the country experienced increased political stability (despite the fact some issues were persistent) and the number of visitors increased. Despite the fact that the January 12, 2010, earthquake significantly affected the number of tourists visiting Haiti, recent statistics suggest significant recovery (Ministère du Tourisme et des Industries créatives d'Haïti, 2013). The current government elected in 2011 has given the country some stability, hence the good performance of the tourism sector since then. These recent trends support Hai and Chick's (2011) findings about the fact that political stability is essential for the tourism development of a destination. By 2012, the tourism industry had been identified by the new government of Haiti as a top priority that can lead to the economic development of the country. The Ministry of Tourism has focused most of its effort in changing the image of the destination. Among the noticeable changes is the new logo adopted by the Destination Management Organisation (Séraphin, 2014c). Two figures played an important role in the development of the tourism sector in Haiti. Dumarsais Estimé who was President between 1946-1950, organized the International Exhibition of Port-au-Prince in 1949. This event contributed to the establishment of Haiti as a tourist destination. Thanks to this event, Haiti became the most visited destination of the Caribbean. As a result of Estimé's efforts, the destination was named the "Pearl of the Antilles". All this lasted until the election of Jean-Francois Duvalier. The second key figure in stabilizing and enhancing Haiti's profile on the map of tourist destinations is Stephanie-Balmir Villedrouin, the current Minister of Tourism of Haiti. Those two examples also show how important leadership is in the performance of a destination.

B. Implementation of EI and TI by the Haitian DMO

Over the years training has become central, as without well-trained staff it is difficult to be able to compete against other destinations. In the future, the most successful nations will be those which develop high quality, skilled and motivated workforces and those which make the most of the talents of all their people (Nacett, 1994).

1 – Outsourcing knowledge

– Academics from Institut du tourisme et d'hôtellerie du Quebec (ITHQ) developed new courses and curriculum for people planning to work in the hospitality and tourism sector.

– Trainers are being retrained to update their knowledge and skills.

2 – Developing and fostering dissemination of knowledge

The Ministry of Tourism and Creative Industry (MTCI) is planning to open training centres in each of the 4-tourism area of Haiti (Capital; South; South-East and North). MTIC is also developing legislations to support the growth of training providers in tourism. Last but not least, MTCI sponsors and tailor made courses for people working in different sectors of the industry (hospitality, catering, tour guiding, etc.).

3 – Partnership private and public sector

The MTIC works closely with employers (Marriott Hotel, Hotel Azur et Spa, Diner en blanc event, etc.) in terms of recruitment and training of staff and design of curriculum. This strategy enables the MTIC to customise staff training according to the needs of employers but also to recruit the right number of students enabling a very high employment rate. Above all, this is also a way to avoid the phenomenon of over education that developed countries like France are currently facing (Guironnet, 2006).

C. Barrieres to EI and TI in Haiti

- **Slavery and its legacy**

The Portuguese Sea captain Antam Gonçalvez became the first white man to enslave Africans on the West coast of Africa and take them away by sea in 1441 (Reader, 1998). For the following 400 years this atrocious trade in humans was considered to be a legitimate form of commerce by Europeans, Arabs and Africans themselves. Approximately 18 million slaves were exported from tropical Africa between 1500 and the late 1800s *(Idem)*. The devastation, trauma, dehumanisation and domination wrought by slavery and the slave trade have been severely underestimated (Ogude, 1981; Kusimba, 2004 and Reader, 1998). Africa was ruled by fear, insecurity and terror, minimising legitimate exchange and confining people to ethnic boundaries with profound social, political, cultural, economic and psychological impacts on African societies and peoples (Kusimba, 2004; Obadina, 2008). In order to survive it was inevitable that a culture of mistrust evolved (Nunn & Wantchekon, 2011). Ogude (1981) contends that the common shared racial memory of slavery has defined and continues to shape black people today; slavery is the fate of an entire race, unfinished business.

- **Servily versus service**

Social representations are built on a shared knowledge and understanding of a common reality (Moscovici, 1961). The key point is that social representations constitute collective systems of meaning which may be expressed, or whose effects may be observed in values, ideas and practices (Duveen & Lloyd, 1993). They are embodied in habitual behaviour, in formal and informal communication. In other words, social representations are products of interconnectedness between people and processes of references through which we conceive the world (Deaux & Philogène, 2001). Tourism development appears to be an interesting topic for the attention of a social representation framework (Meliou & Maroudas, 2010). Subsequently, social representation can be used to understand how different groups think about tourism (Pearce *et al.*, 1991). Haiti is a former French colony

(Thomson, 2004) inhabited by former slaves from sub-Saharan Africa who had been exploited (Pulvar, 2006). It therefore shares with Africa a common European colonisation legacy. Social representations can be part of what Haiti (and even the Caribbean) and Africa have in common Tourism in third world countries is strongly associated with servility, which this paper contends harks back to hegemonic legacies left by slavery, breeding resentment. Unofficially the extent of this servility also embraces prostitution and exploitation on all sides. Whilst the focus of this paper is on the effects of the slave trade on the performance of Haiti as a tourist destination the tourist needs to be mentioned beyond their ideas of stereotypes. When on holiday in a world of play and freedom rather than work and structure, the tourist can unshackle himself from his normal life. He can be indulgent rather than responsible, promiscuous rather than chaste, spend rather than save (Crick, 1989). Whilst perpetuating and reinforcing stereotypes, tourism creates a damaging image of the Third World that could be detrimental for development *(Idem)*. Nunn & Wantchekon (2011) have indicated that individuals whose ancestors were heavily raided during the slave trade are less trusting today. They have also pointed out that most of the impact of the slave trade is through factors that are internal to the individual, such as cultural norms, beliefs and values. Thus, Ian Thomson, in *"Bonjour blanc, a journey through Haiti"* (2004) explains that tourists in Haiti are not just tourists, they are white people: "Blanc". They are constantly referred to by their skin colour. In the tourism and hospitality sector this can be an issue particularly when it comes to customer service. Jacques Maillot, ex CEO of Nouvelles Frontieres (a French T.O) explained that in the French Caribbean, locals perceived tourism as a re-enactment of slavery, hence the poor customer service and the complaints from customers (Perri, 2004). This paper makes a unique contribution of the representation of tourism for countries that have been through the slave trade. In a way this paper also contributes to the meta-literature related to black culture and identity with an application to the tourism sector.

3. Maximising the impacts of tourism courses in Haiti

A. Potential impacts of a well-rounded training system in tourism in Haiti

Théodat (2004: 294-295) defined the touristicty of a territory as: "as a set of criteria that enables a destination to evaluate its popularity and performance [...] The criteria are as follow: Fluctuating criteria (international context, political situation, economic performance of the destination, etc.) Permanent criteria (fauna, flora, culture, habitus of a community, etc.)". Théodat (2004: 294) also defines the popularity of a destination as "the ability of the destination to welcome visitors and make them feel welcomed". Subsequently, as the popularity of a destination is a fluctuating criterion, training in tourism can be considered as a fluctuating criterion as it impacts greatly on the ability of the destination to be welcoming. How hypothesis in this section is that training in tourism in Haiti (fluctuating criterion) can contribute (if used effectively) to maximise the potential of set criteria (for the benefit of locals and visitors). Thus, we could infer that not only training in tourism would raise awareness of deforestation and water issues in the country (Sukrup, 2013), but also that a well trained workforce would find a way to use their knowledge and skills (fluctuating criteria) to find solutions to pending issues (as the one mentioned above) and maximise the benefits of set criteria.

B. Conceptual framework and strategy

March (2008) TI is about integrating in the same process technological, social, economic, cultural and institutional innovation in order to promote the assets of a territory. In an educational context, innovation would be about the system to put in place in order to provide learners with the knowledge and skills to protect the set criteria that contribute to the attractiveness of the territory but also to be able to promote those criteria in a sustainable way for the benefit of locals and visitors. Forecast of tourism growth, indentifying and catering for new trends in the industry are also very important (Peguero Manzanares *et al.*, 2014). This strategy implies a "cluster" strategy (Fabry & Zeghni, 2012) where stakeholders from various horizons will have to work together as tourism is a cross-cutting phenomenon which involves agents in several business sectors and areas of public administration (Peguero Manzanares *et al.*, 2014). This approach of the role of a cluster in the context of Haiti highlights the needs for a tourism watch tower (Liburd & Hjalager, 2010) with an overall role of research and development aiming at turning problems into research topics and elaborating conclusions, evaluating tourism potential and the prospective analysis of exploiting it (Peguero Manzanares *et al.*, 2014). Among the potential challenge of this watch tower (or research centre) could be to design a curriculum that could equipped learners to develop strategies to maximise the potential of natural assets of the destination (for the benefit of locals and visitors). There is a need for a destination to have a research centre dedicated to issue related to tourism. The Dominican Republic, leading destination of the Caribbean (Séraphin, 2014; CTO), had to commission the School of Hospitality and Tourism of the University from the University of Barcelona to help them redesign their tourism curriculum (Peguero Manzanares *et al.*, 2014); the Haitian DMO spends a lot of money on commissioning international consultancy firms. Beyond the cost involved in not having a research centre, there is also the risk of taking wrong decisions. In 2012, following a design competition, the Minister of Tourism launched the new logo of the Haitian's DMO. In an interview to Caribbean Journal, the ministry declared: *"We have a new logo that we launched, and it's the new image of the country. When you try to change the image of the country, you have to start by identifying the country differently. And that's what we did — we did a whole competition to find the best logo for the country, and it went very well, and now we're very proud to showcase this new image, with a new sightseeing in Haiti that has never been promoted before"* (Caribjournal, Online). This quote shows both a clear understanding of the importance of image in the process of attracting visitors, as well as the role that a logo plays in this process. However, what seems to have been overlooked is the research that needs to be done before launching a logo. Far too often DMOs, when changing their logo, focus exclusively on the design aspect neglecting the research requirement. Absence or lack of research can lead to the failure of a logo. Taking the example of the failure of the Slovenia tourism marketing campaign of 1996, Morgan *(et al.)* explain that the country did not just need a new slogan and logo, but a systematic branding strategy. Focusing exclusively on logos the Haitian's DMO logo should have been the result of scientific research based on experimentation on their target audience as the results of a short survey (questionnaire) carried out at the World Travel Market (WTM) 2013, using as a sample a representative of each of the nine countries of the Caribbean Tourism Organisation present at the exhibition show that the respondents consider the former logo as the most representative of Haiti (Séraphin, 2014c).

C. Methodology, analysis and results

Research can be defined as the process of having a predetermined set of questions, and then aiming to answer these questions through the gathering of information, their analysis and then interpretation. The final objective being to advance knowledge, solve managerial problems and aid business related decision-making. That said, carrying out business research does not guarantee success (Wilson, 2014). However, in the context of Haiti, tourism research can help the tourism stakeholders to get away from some blind spots that Blakeley (2007) defined as barriers from adapting and learning. Some examples of areas of tourism management issues are shown in Table 1. They are the outcome of a literature review of papers and books published in the area of tourism in Haiti by the lead author.

Table 1 – Tourism issues in Haiti

Tourism management aspects	Research issues	References
Promotion	Logo and image of the destination	**Séraphin H.** (2014). "Visual research method approach applied to marketing to design DMO's logo. The case of Haiti", *Journal of Tourism Consumption and Practice,* 6, (2), 54-58

Social	Locals wellbeing Perception of tourism (locals) Potential negative impacts of tourism on local culture	Butler C. & **Séraphin H**. (2014). "An exploratory study of the potential contribution to peace through sustainable enterprise in the tourism industry in Haiti and Kenya", *International Journal of Human Potential Development*, 3, (1), 1-13 **Séraphin H.** & Butler C. (2013). "Impacts of the slave trade on the service industry in Kenya and Haiti: The case of the Tourism and Hospitality sector", *Journal of Hospitality and Tourism*, 11, (1), 71-89 **Séraphin H**. & Nolan E. (2014). "Voodoo in Haiti: A Religious Ceremony at the Service of the "Houngan" Called 'Tourism'", *in* Frost, W. & Laing, J. (Eds), *Rituals and traditional events in the modern world*, New York: Routledge **Séraphin H.** & Meldrum T. (2014). "Entrepreneurship and tourism: An inclusive and sustainable strategy for the development of Haiti", *in* Roberts S., Best M. & Cameron A. (Eds),

	Entrepreneurship and wellbeing of the locals	*Contemporary Caribbean Tourism: Concepts and Cases*, Barbados: Ian Randle
Human resources	Entrepreneurship in tourism Human resources and performance	**Séraphin H.**, Butler C. & Gowreesunkar, V. (2013). "Entrepreneurship in the tourism sector: A comparative approach of Haiti, coastal Kenya and Mauritius", *Journal of Hospitality and Tourism,* 11, (2), 72-92 **Séraphin H.** (2013). "A human resources approach of Haiti's performance as a tourist destination", *TourTer*, 6 (3), 163-182
Product	New market and performance Quality of the product	**Séraphin H.** (2011). "Hispaniola: The future tourism destination of the Caribbean?" *Journal of Tourism Consumption and Practice,* 3, (2), 38-44 **Séraphin H.** (2014) "Bonjour blanc, a journey through Haiti: An allegory of the tourism industry in Haiti", *in* Quintero S. & Baleiro R. (Eds). *Lit&Tour, ensaios sobre literature e turismo*, Ribeirao: Humus

Source: The authors

Because there is hardly any academic papers and/or research based on the area of tourism in Haiti (Séraphin, 2012b), the paper published in the area are quite in demand. An analysis of the Academia page of the lead author gives the following information.

Table 2 – Research topic ranking

Paper reference	Number of download papers (and ranking)	Number of views of paper (and ranking)	Tourism management aspect
Séraphin H. (2013). "Entrepreneurship in tourism as a driver for recovery and sustainable development of the countryside in Haiti. The guest houses as a strong potential option", International conference on active countryside tourism, International Centre for Research in Events, Tourism and Hospitality (ICRETH), Leeds Metropolitan University, [Online], Available from: https://sites.google.com/site/activecountrysidetourism/conference-papers	55 downloads (1)	977 views (1)	Social and human resources
Séraphin H. (2013). "The contribution of tour guides to destination understanding and image. The case of Haiti via an analysis of: 'Bonjour blanc, a journey through Haiti'", International Research Forum on Guided Tours, Breda	49 downloads (2)	357 views (2)	Product

University of Applied Sciences			
Séraphin H. (2012). "Private and public sector initiative for the development of entrepreneurship in Haiti: The tourism industry, shouldn't it be the priority", 2nd international conference in socially responsible and sustainable entrepreneurship and innovation, University of Southampton	31 downloads (3)	121 views (6)	Social and human resources
Séraphin H., Butler C. & Gowreesunkar, V. (2013). "Entrepreneurship in the tourism sector: A comparative approach of Haiti, coastal Kenya and Mauritius", *Journal of Hospitality and Tourism,* 11, (2), 72-92	16 downloads (6)	246 views (3)	Social and human resources

Source: The authors (adapted from)

The most popular issues related to tourism development in Haiti are related to the social aspect of the industry and its impacts and the human resources aspect. Within this framework, entrepreneurship is the key topic. The results of this analysis support previous findings about the importance of research to remove some blind spots that can stop Haiti to perform to the best of its ability. Using case studies, Moreover, method that has become increasingly associated with an in-depth exploration of a particular context' (Hammond & Wellington, 2013: 17) and provides the background necessary to understand the problem situation and provide an overview of the market dynamics (Silver, Stevens, Wrenn and Loudon, 2013), we are hoping to show with specific examples that research is part of success of a tourist destination (even if it is not a guaranty). Indeed, the leading destinations of the world have all many research centres dedicated to tourism. In France, the world leading tourist destination, research is conducted by universities and the National Scientific Research Centre aka CNRS (Séraphin, 2012a). It is pretty much the same in other European destinations (Tables 3 & 4).

Table 3

International tourist arrivals by country of destination

Rank in 1980	Rank in 2013	Destination	Arrivals (in millions)	Change 2013/2012 (in %)
1	1	France	84.7	2.0
2	2	United States	69.8	4.7
3	3	Spain	60.7	5.6
18	4	China*	55.7	3.5
4	5	Italy	47.7	2.9
52	6	Turkey	37.8	5.9
9	7	Germany	31.5	3.7
7	8	United Kingdom	31.2	6.4
nd	9	Russia	28.4	10.2
27	10	Thailand	26.5	18.8
		Total world	1.087.4	5.1

Source : Ministère de l'Économie, de l'Industrie et du Numérique, 2014

Table 4
E.g. of tourism research centres from the world leading destinations

Destination and ranking (2013)	E.g. of research centre in tourism
1 - France	Institut de recherche et d'études supérieures du tourisme (Université Paris 1) Centre de recherche sur le tourisme (Université Nice Antipolis) Centre de recherche sur le tourisme : Systèmes, environnements, cultures (Université Toulouse Le Mirail)
2 - USA	The International Institute of Tourism Studies (IITS)
3 - Spain	Universidad de Barcelona (CETT-UB) Centro de Conocimiento e Innovación Turística (Alicante)

Source : The authors

"Despite the importance of tourism to the region, academic research on the tourism industry in the Caribbean is still in its infancy [...] More than 80 % of research on the sector has been done by private consultants. Most of this research has either been conducted or commissioned by the CTO, as one of their principal functions is the collection and dissemination of research and data on the development of the regional industry" (Lewis, 2005: 142).

Table 5: Research in the field of tourism in the Caribbean leading tourist destinations

Destination of Caribbean ranking	E.g. of research centre in tourism
1 - Dominican Republic	None
2 - Cuba	None
3 - Jamaica	Centre for Tourism and policy Research (University of the West Indies)

Source : The authors

The performance of China that moves from the 18th position in 1980 to the 4th position on 2013 is a good example of the impact that teaching and research can have on the performance of a destination as tourism education can only benefit from these research advances (Hudson, 2005). In China, *"besides reform and innovation of contents and methods of teaching, tourism schools and colleges also attach importance to research to the construction of tourism disciplines and programmes, especially the construction of the system of tourism science, and the establishment of the key courses [...] Many universities have undertaken various kinds of research projects funded by the state, local authorities and big tourist enterprises. The developments of these projects are mostly applicable in the development of the tourism industry"* (Zhang & Fan, 2005: 155).

As the CTO is working at a regional level, Haiti needs its own tourism research centre. This will contribute to: Make the programmes more relevant to what the local industry needs; provide high-quality education and training; help educational institutions to employ more creative and proactive approach to tourism education; encourage a greater coordination between educational institutions; foster visible intellectual leadership in the form of relevant academic research and greater stakeholder involvement in decision-making.

Conclusion

This study has highlighted a few key points:
[a] Research and EI/TI are closely related as pursuing to some extend the same final objective
[b] Research can help Haiti to overcome some of its pending issues related to tourism management
[c] Despite the fact there is proven evidence that research impacts on destination performance, it can guarantee success. It is all the more the case for Haiti due to all the barriers to EI/TI
[d] Issues related to the impacts of the industry on the local population and how entrepreneurship can contribute to a better wellbeing of the population are key concerns, therefore areas for potential research
From a practical and management point of view, this paper encourages the Haitian DMO and to some extent the government to have a wider view of tourism management and destination management are about. If for a long-time university have been compared to ivory towers, the same can be said to the Haitian DMO. Also, beyond the fact that research can move away some blind spots for the DMO, Haiti can use research to enhance its profile by enabling researchers to come up with new management theory and concepts in tourism. As highlighted by Dartey-Baah and Amponsa-Tawiah (2011), concepts are understood and implemented differently according to destination. Based on this claim, we can even suggest that based on its peculiar profile that Haiti tourism research based can generate new concepts and theory. Despite all those key points nonetheless important, the key topic arises by this research and that need further research concerns the control of the tourism sector in Haiti. If Haiti does not generate enough leaders for its tourism industry, the government open door business strategy "Haiti is open to businesses instead of being a godsend can be turned into an evil that might cost the country the control of its tourism industry that is at the moment essentially lead by locals (Séraphin, 2014). However, since 2012, a few international chains of hotels have opened up and have reshuffled the cards. The diaspora remains the "last standing man" to protect the nature and originality of the destination and subsequently of its tourism industry (Séraphin, 2014b). Further research about the future of the tourism industry in Haiti and the potential role of the diaspora is all the more important as research shows that it will take at least 70 years to Haiti to produce as many graduates as possible that the

Haitians diaspora already has in the USA (Wab, 2013). The same research shows that projects developed by diaspora in Haiti have been overall successful. Finally, this group is willing to contribute to the rebuilding of their country *(ibid.)*.

Références

ADELEYE I. "Theorising human resource management in Africa: Beyond cultural relativism". *African Journal of Business Management*, 5, 6, p. 2028-2039.

AHMED G. (2014). "HUMAN (H) factor in emerging country stable economic development", *International Journal of Human Potential Development*, 3 (1), 14-19.

BARROS C. P., BOTTI L., PEYPOCK N. and SOLONANDRASANA B. (2011). "Managerial efficiency and hospitality industry: The Portuguese case", *Applied Economics*, 43, (22): 2895-2905.

BÉNÉDIQUE P., DAMÉUS A., GARRABE M. (2010). « Le processus de tertiarisation de l'économie haïtienne ». *Études caribéennes* [en ligne] : http://etudescaribeennes.revues.org

BERTACCHINI Y. and DOU H. (2001). "The territorial competitive intelligence: A network concept", Toulouse University Press, Available from: http://archivesic.ccsd.cnrs.fr/sic_00000436, Accessed on [27.01.15]

BONNET F. (2010). « Haïti, l'île de toutes les tragédies ». *Marianne*, 665, p. 6-7.

BOTTI L., GONCALVES O., RATSIMBANIERANA H. (2011). "French destination efficiency: A mean-variance approach". *Journal of Travel Research*, 51, 2, p. 115-129.

BOTTI L. and TORRES O. (2008). "Small Tourism Business Resistance to Participation in Local Collective Strategies: The Proximity Management Approach Contribution", *Rural Enterprise & Management*.

CALLIXTE K. and WERDLER K. (2014). "Work in Progress: The Role of Higher Education in Post-Conflict Tourism Development, A case Study From Rwanda", *ARA: Journal of Tourism Research*, 4 (1), 84-89.

COOPER C., HALL. M. (2008). *Contemporary tourism: An international approach*. Elsevier: Oxford.

COOPER C. and HALL C. (2008). *Contemporary tourism marketing, Contemporary Tourism*, New Edition, Oxford: Butterworth-Heinemann.

COOPER C. (2002). "Sustainability and tourism vision". Congreso International del CLAD sobre la Reforma del Estado y de la Administration Publica, Lisboa: Portugal.

COOPER and SCHINDLER (1999). *Business Research Method.* New York: McGrawhill.
CRICK M. (1989). "Representations of international tourism in the social sciences: Sun, sex, sights, savings, and servility". *Annual Review of Anthropology,* 18, p. 307-344.
DARTEY-BAAH K. and AAMPONSAH-TAWIAH K. (2011). "Exploring the limits of Western Corporate Social Responsibilities theories in Africa", *International Journal of Business and Social Science*, 2 (18), 126-137.
DAS D. and SHARMA S. K. (2009). "An Assessment of the impact of tourism development at Varanasi: perspectives of local tourism businesses". *International Journal of Tourism Policy*, 2 (3), 167-186.
DEAUX K. and PHILOGÈNE G. (2001). *Representations of the social.* Oxford, Blackwell Publishers.
DORE G. (2010). « Politique de formation professionnelle et d'emploi en Haïti. Le cas du secteur du tourisme (1980-2010) », thèse de doctorat, Université Paris-Est.
DUVEEN G. and LLOYD B. (1993). "An ethnographic approach to social representations", *in* Marie G. (ed.), *Empirical approaches to social representations*, New York: Clarendon Press/Oxford University Press.
DWYER L., CVELBAR L. K., EDWARDS D. and MIHALIC T. (2011). "Fashioning a destination tourism future: The case of Slovenia", *Tourism Management*, 33 (2012), 305-316.
EDGELL Sr D. L. and SWANSON J. R. (2013). *Tourism Policy and Planning. Yesterday, today, and tomorrow*, New York: Routledge.
ENRIGHT M. J. and NEWTON J. (2004). "Tourism destination competitiveness: A quantitative approach", *Tourism Management* (25), 777-788.
FABRY N., ZEGHNI S. (2010). « Tourisme et développement local : une application aux clusters de tourisme », *Mondes en développement*, 157, 97-110.
GILLES A. (2012). "The social bond, conflict and violence in Haiti", *Peace Research Institute,* Oslo, 2012, [Electronic version]. Retrieved April 6, 2013, from: www.prio.no
GUIRONNET J. P. (2006). « La suréducation en France : Vers une dévalorisation des diplômes du supérieur ? » *Économie Appliquée*, 59 (1), 93-120.

GOWREESUNKAR V., VAN der STERREN J. and SÉRAPHIN H. (forthcoming). "Social Entrepreneurship as a tool for promoting Global Citizenship in Island Tourism", *ARA: Journal of Tourism Research.*

GROOT M. C. et GIBBONS P. (2007). "Diasporas as 'Agents of Development': Transforming Brain Drain into Brain Gain? The Dutch Example". *Development in Practice*, 17 (3), 445-450.

HAI A. and CHICK A. R. (2011). "Political Stability: Country Image for Tourism Industry in Bangladesh", Conférence internationale sur les sciences sociales, l'économie et l'art (ISC), Malaisie.

HAMMOND M. and WELLINGTON J. (2013). *Research method. The key concepts*, London: Routledge.

HIGATE P., HENRY M. (2009). *Insecure spaces, peacekeeping, power and performance in Haiti, Kosovo and Liberia*. Londres : Zed Books.

HUDSON S. (2005). "North America", in *An International handbook of tourism education*, AIREY D. and TRIBE J. (eds), Oxford: Elsevier.

JULES L. et LAPLANCHE K. T. (15/12/2006). « Le tourisme en Haïti : diagnostic, stratégies, perspectives » (Université Quisqueya, Haïti)". Actes du Colloque du Ceregmia sur « Tourisme et développement durable », *in* DUPONT L. (2009). *Cointégration et causalité entre développement touristique, croissance économique et réduction de la pauvreté en Haïti. Études caribéennes* [online] http://etudescaribeennes.revues.org/3780

KIM S. S., PRIDEAUX B. and PRIDEAUX J. (2007). "Using tourism to promote peace on the Korean peninsula", *Annals of Tourism Research*, 34 (2), 291-309.

KUSIMBA C. M. (2004). "Archaeology of slavery in East Africa". *The African Archaeological Review,* 21, 2, p. 59-88.

LEWIS-CAMERON A. (2014). "Management competencies and Tourism Graduates: Future leaders of Caribbean Tourism", *ARA: Journal of Tourism Research*, 4 (1), 51-59.

LIBURD J. and HJALAGER A.-M. (2010). "Changing approaches towards open education, innovation and research in tourism", *Journal of Hospitality and Tourism Management*, (17), 12-20.

MANYARA G. and JONES E. (2005). Indigenous tourism SME sector in Kenya, *in* JONES E. and C. HAVEN-TANG (eds). *Tourism SMEs, service quality and destination competitiveness*. CABI Publishers.

MARCH J. (2008). "Living Labs and Territorial Innovation", *in* Paul, C. M. (eds), *Collaboration and the Knowledge Economy: Issues, Applications, Case Studies*, Amsterdam: IOS Press.

MELIOU E. and MAROUDAS L. (2010). "Understanding tourism development: A representational approach". *Tourismos*, 5 (2), 115-127.
MICHAEL F. (2000). « Des hôtes et des autres : tourisme et altérité ». Revue *Espaces,* 171, p. 14-21.
MOSCOVICI S. (1961). *La psychanalyse : Son image et son public.* Paris : Presses universitaires de France.
NICKSON D. (2013). *Human Resources Management for the Hospitality and Tourism Industry*. New York: Routledge.
NUNN N. and WANTCHEKON L. (2011). "The Slave Trade and the Origins of Mistrust in Africa". *American Economic Review,* 101, 7, p. 3221-3252.
OBADINA T. (2008). "Slave trade: a root of contemporary African crisis". *Africa Economic analysis,* January 23, 2008 [Electronic version]. Retrieved March 4, 2013, from: http://www.africaeconomicanalysis.org
OGUDE S. E. (1981). "Slavery and the African imagination: A critical perspective". *World Literature Today,* 55, 1, p. 21-25.
OJO JOHNSON, A. (2011). "Human capital development and economic growth in Nigeria". *European Journal of Business and Management*, 3, 9, p. 29-38.
OYANGO E. V., EDWIN O., OUMA K. O., LUCAS O. O. (2012). "Relationships between drivers and results of performance in the Kenyan hotel industry". *Journal of Hospitality Management and Tourism,* 3, 3, p. 46-54.
PAGE S. J. (2013). *Tourism Management. An introduction*, New York: Routledge.
PAUL B. and SÉRAPHIN H. (forthcoming). « L'haïtianité et la responsabilité sociale de la diaspora dans le développement d'Haïti », *Études caribéennes.*
PEARCE P. L., MOSCARDO G. and ROSS G. F. (1991). "Tourism impact and community perception: An equity social representational perspective". *Australian psychologist,* 26, 3, p. 147-152.
LEWIS A. (2005). "*The Caribbean*", in *An international handbook of tourism education*, Airey, D. & Tribe, J. (eds), Oxford: Elsevier.
PEGUERO MANZANARES D., SANMARTIN ANTOLIN G. and IGLESIAS XAMANI M. (2014). "Analysis for the Curricular Design of Tourism Studies in the Dominican Republic: Competences and Professional Profiles to Enable the Prospective Development of Tourism", *ARA: Journal of Tourism Research*, 4 (1), 72-82.

PERRI P. (2004). *Le tourisme à la Martinique. Sous la plage... Les conflits*. Paris : Karthala.
POON A. (2015). "Innovation and the future of Caribbean tourism", *in* Gayle D. J. & Goodrich J. N. (eds.) *Tourism Marketing and Management in the Caribbean,* New York: Routledge.
PULVAR O. (2006). « Mémoire, médiatisation et construction des identités ». *Études caribéennes* [online] http://etudescaribeennes.revues.org
READER J. (1998). *Africa: A biography of the continent.* London: Penguin Books Ltd.
ROC N. (2008). *Haiti-Environment: From the "Pearl of the Antilles" to desolation.* Fride: 1-7.
RABOTEUR J. (2000). *Introduction à l'économie du tourisme*, Éditions L'Harmattan, Paris, France.
ROSELÉ CHIM P. (2009). « Le cinéma et le tourisme caribéens », Colloque CREDDI-LEAD, Beauport, décembre, Port-Louis. Guadeloupe, France.
ROSELÉ CHIM., RABOTEUR J. (2009). *Le développement du tourisme de santé de remise en forme et de bien-être*, Éditions EPU, Paris, France.
ROSELÉ CHIM P. (2012). *Sur le développement et l'économie de la politique culturelle*, Éditions EPU, Paris, France.
ROSELÉ CHIM P. (2012). *Le développement et l'intelligence économique des territoires*, HDR Économie de l'entreprise et sciences de gestion, Université Paris 1 Panthéon-Sorbonne, Paris, France.
ROSELÉ CHIM P., RABOTEUR J. (2012). *Le Carnaval et la folie imaginaire des peuples*, Éditions EPU, Collection « Sciences humaines et Sciences sociales », Paris, France.
ROSELÉ CHIM P., SAINT-VILLE M.-F. (2014). « Le cinéma et le tourisme caribéens : attractivité et valeur ajoutée dans le développement des territoires », in *Les défis du développement du tourisme et l'intelligence économique des territoires*, Éditions EPU, Paris, France.
ROSELÉ CHIM P. et RABOTEUR J. (2014). *Les défis du tourisme et l'intelligence économique des territoires : Villes sur mer et en terre*, Collection « Tourisme », Éditions EPU, Paris, France.
ROWLEY J. (2000). "Is higher education ready for knowledge management", *The International Journal of Education Management*, 17 (7), 325-333.

SÉRAPHIN H. (2014a). *Le tourisme : L'ouverture pour le peuple de Toussaint* Paris : Publibook.
SÉRAPHIN H. (2014b). « Les jeux d'influences dans le tourisme : Cas d'Haïti ». *Journal of Haitian Studies*, 20 (2), 66-86.
SÉRAPHIN H. (2014c). "Visual research method approach applied to marketing to design DMO's logo. The case of Haiti", *Journal of Tourism Consumption and Practice*, 6, (2), 54-58.
SÉRAPHIN H. and BUTLER C. (2013a). "Impacts of the slave trade on the service industry in Kenya and Haiti: The case of the Tourism and Hospitality sector", *Journal of Hospitality and Tourism*, 11, (1), 71-89.
SÉRAPHIN H. (2013b). "A human resources approach of Haiti's performance as a tourist destination", TourTer, 6 (3), 163-182.
SÉRAPHIN H. (2012b). *L'enseignement du tourisme en France et au Royaume-Uni*, Paris : Publibook.
SÉRAPHIN H. (2012a). "Private and public sector initiative for the development of entrepreneurship in Haiti: The tourism industry, shouldn't it be the priority" 2nd international conference in socially responsible and sustainable entrepreneurship and innovation, University of Southampton.
SÉRAPHIN H. (2010). « Quel avenir pour le tourisme en Haïti ? », Revue *Espaces*, 281, 4-6.
SHELLER M. (2004). "Natural Hedonism: The invention of Caribbean Islands as Tropical Playgrounds", *in* D. T. Duval (ed.), *Tourism in the Caribbean. Trends, Developments, Prospects* London: Routledge.
SILVER L., STEVENS R., WRENN B. and LOUDON D. (2013). *The essentials of marketing research*, 3rd edition, New York: Routledge.
SOHEL S. M., RAHMAN A. M. A. and UDDIN M. A. (2014). "Competitive Profile Matrix (CPM) as a competitors analysis tool: A Theoretical Perspective", *International Journal of Human Potential Development*, 3 (1), 40-47.
SUKRUP V. (2013). *Les Caraïbes face aux défis de l'avenir*, Paris : Publibook.
THÉODAT J.-M. (2004). « L'endroit et l'envers du décor : La "Touristicité" comparée d'Haïti et de la République dominicaine ». *Revue Tiers Monde*, 45 (178) : 294-317.
THOMSON I. (2004). *Bonjour blanc, a journey through Haiti*. Londres, Vintage.
WAB T. (2013). « Engaging the Haitian Diaspora », *Cairo Review*, (9).
WANHILL S. (1995). "Tourism in the peripheral areas of Europe". *Tourism Management* 16 (6), 476-476.

WILSON J. (2014). "An introduction to business management research", in *Essential of business research*, London: Sage.

WOLFE K. L. (2014). "Using Hotel Supervisor's Emotional Intelligence as a Benchmark for Hospitality Students". *Journal of Hospitality & Tourism Education*, (26), 2-9.

ZHANG W. and FAN X. (2005). "China", in *An International handbook of tourism education*, Airey D. & Tribe J. (eds), Oxford: Elsevier.

ZELIKOV P. (1997). "American economic intelligence: Past practice and future principles", *Intelligence and National Security*, 12 (1), 164-177.

Hugues Séraphin is Senior Lecturer in Event Management and Tourism Management Studies at the University of Winchester (Faculty Business, Law and Sport). These works treet about international tourism. He practises his activities of research and teaching at Abu Dabi.

Paul Roselé Chim is full Professor and qualified Director of Researches by the University of Paris 1-Panthéon Sorbonne. Head of the SEG department at the University of Guyana, he is a widely published. He supervises on international development issues and is one of the world's leading specialists in the economics of cultural industries such as film and television.

Article

Transitional justice and collective memory: a comparison of truth commissions and international criminal tribunals in the context of armed conflicts in Africa[65]

Emmanuel Guematcha[66]

Résumé Cet article examine comment les commissions de vérité et les tribunaux pénaux internationaux, mécanismes de la justice transitionnelle, ont traité de la construction de la mémoire collective dans des États africains pauvres et sous-développés qui ont connu des conflits armés. Il évalue de manière critique ce qui, dans leur travail, est pertinent pour la construction de la mémoire collective en Afrique. Premièrement, il se concentre sur la manière dont leurs récits influencent la construction de la mémoire collective.

[65] An earlier version of this paper was presented at the International Conference on Memory in Africa organized by the Memory Studies Association, 24-25 November 2021.

[66] Senior Lecturer at the University of French Guiana.

Deuxièmement, il analyse les recommandations des commissions de vérité concernant la mémoire collective et la mise en œuvre des réparations envisagées dans les États africains par les tribunaux pénaux internationaux dans le domaine de la mémoire collective. Enfin, l'article constate que ces mécanismes de la justice transitionnelle se heurtent à des obstacles qui doivent être surmontés afin d'établir une mémoire collective, garantir la paix et un développement social et économique durable.

Abstract This paper examines how truth commissions and international criminal tribunals, transitional justice mechanisms, have dealt with the construction of collective memory in poor and underdeveloped African states that have experienced armed conflicts. It critically assesses what in their work is relevant to collective memory building in Africa. First, it focuses on how their narratives influence the construction of collective memory. Second, it analyses the recommendations of truth commissions regarding collective memory and the implementation of reparations envisaged in African states by international criminal tribunals in the field of collective memory. And third, it finds that these transitional justice mechanisms face obstacles that have to be addressed in order to establish collective memory, lasting peace and sustainable social and economic development.

Mots-clés : Commission de vérité, mémoire collective, développement social et économique durable
Keywords: Truth commissions, collective memory, sustainable social and economic development

Introduction

Truth commissions are official, temporary, non-judicial bodies set up to investigate violations or abuses committed within states, sometimes with the aim of fostering peace and reconciliation[67]. International and hybrid criminal tribunals are set up to prosecute individuals accused of committing international crimes[68]. Truth commissions and these criminal tribunals are considered to be the main mechanisms of transitional justice, which is the "full range of processes and mechanisms associated with a society's attempts to come to terms with a legacy of large-scale past abuses, in order to ensure accountability, serve justice and achieve reconciliation"[69]. Adopted by states struggling to overcome a dark past of crimes and abuses, these transitional justice mechanisms have dealt with serious human rights violations and international crimes in some African states in the wake of armed conflict in those countries[70], that are paralyzed by poverty and the lack of economic development[71]. Because these mechanisms examine a state's past, one may ask how they contribute to the construction or the building of a state's collective memory, which is a concept that is not always easy to define but which always expresses the idea that social groups, as a collectivity, can remember past events and that many factors can contribute to the construction of memory in order to build a lasting peace[72]. This lasting peace is one of the conditions for social and economic development. The question of the contribution of transitional justice mechanisms to the construction of collective memory is particularly important in the context of armed conflict, which always has the potential to traumatize the population and to be detrimental to social and economic development. This paper examines how truth commissions and international criminal tribunals have dealt with the construction of collective memory in some African states that have

[67] On the definition of Truth Commissions: Priscilla B. Hayner, *Unspeakable Truths: Transitional Justice and the Challenge of Truth Commissions,* New York, Routledge, 2011, p. 19.

[68] On international criminal tribunals, Carsten Stahn, *A Critical Introduction to International Criminal Law*. Cambridge: Cambridge University Press, 2018; Philipp Kastner (ed.), *International Criminal Law in Context*, London, Routledge, 2017.

[69] United Nations Secretary General (2004). The rule of law and transitional justice in conflict and postconflict societies (S/2004/616), 23 August 2004, para. 8.

[70] Christine Hoffendahl and Jansen, Anne. *Transitional Justice in Afrika: Transitional justice in Africa.* Allemagne, GIGA Informationszentrum, 2013.

[71] For the relationships between transitional justice and development, Pablo de Greiff and Roger Duthie (eds.), *Transitional Justice and Development: Making Connections*, Social Science Research Council, June 2009.

[72] On collective memory, Maurice Halbwachs, *Mémoire collective*, Paris, PUF, 1950; Janna Thompson and Klaus Neumann (ed.), *Historical Justice and Memory*, University of Wisconsin Press, 2015.

experienced armed conflict and assesses their contribution. First, it analyses the narratives of transitional justice mechanisms that were active in the African states of Sierra Leone, Liberia, Rwanda, and Mali. Second, it examines the recommendations of truth commissions on collective memory and the consideration of forms of reparations related to collective memory in international or hybrid criminal processes. And third, it explains that while these two mechanisms of transitional justice do make limited contributions to the construction of collective memory, their effectiveness is closer to a call to action intended to encourage states and the international community to build collective memory in order to avoid the recurrence of violence and promote economic and social development.

1. The Construction of Collective Memory through Official Narratives

In African states that have dealt with armed conflict, international crimes and human rights violations, most truth commissions have delved into the causes, manifestations and consequences of the armed conflict and presented the history of the state in which the crimes were committed.

In Sierra Leone, for example, the Truth and Reconciliation Commission (TRC)'s mandate included the need to expose part of Sierra Leone's history within the limits of the violations and abuses committed during the armed conflict of 1991 to 1999[73]. Subsequently, the Sierra Leone TRC adopted a broad interpretation of this mandate and went far beyond what was stated in the law. The TRC considered it important to analyse not only what had happened from the beginning of the conflict in 1991 to 1999 but also to examine the "historical antecedents," which the TRC argued was important and necessary to "locate the causes" of the armed conflict[74]. The TRC therefore went as far back as 19th-century colonisation to detail the causes, before examining the armed conflict in Sierra Leone and its consequences[75]. Overall and in the context of the armed conflict, the Sierra Leone TRC dressed up the history of Sierra Leone on the basis of testimonies, documents and

[73] The paragraph 6.1 of the Sierra Leone Truth and Reconciliation Commission Act mandated of Sierra Leone "to create an impartial historical record of violations and abuses of human rights and international humanitarian law related to the armed conflict in Sierra Leone, from the beginning of the Conflict in 1991 to the signing of the Lomé Peace Agreement", which was in 1999 (Peace Agreement between the Government of Sierra Leone and the Revolutionary United Front of Sierra Leone, UN Doc. S/1999/777, 12 July 1999).

[74] Report of the Sierra Leone Truth and Reconciliation, *Witness to Truth*, vol. 3A, 2004, at 4, para. 4.

[75] *Ibid.*, at 5-15.

analyses, and provided an important narrative in the process of constructing Sierra Leone's collective memory.
The Liberian Truth and Reconciliation Commission followed the same path. Established in 2003, it was mandated to investigate "gross violations of human rights and breaches of international humanitarian law and abuses" committed in Liberia from 1979 to 2003[76]. The legislative act also strongly stipulated that the Liberian TRC was to conduct "a critical review of Liberia's historical past, with a view to establishing and acknowledging historical truths in order to address past falsehoods and misconceptions regarding the nation's socio-economic and political development"[77]. In its final report, the TRC presented an analysis of the history of Liberia[78], in some cases dating back to 600 B. C., discussing trade and slavery and its consequences in Liberia[79], the political struggles and social constraints that existed in Liberia prior to 1979 that influenced the outbreak of the bloody armed conflict[80], and the Liberian civil war[81]. Thus, overall, like the final report of the Sierra Leone TRC, the final report of the Liberia TRC dressed up the history of armed conflict in Liberia.
In Mali, where there is an ongoing armed conflict, the work of the Truth and Reconciliation Commission is currently underway. And it is certain that the Malian TRC will address memory in its work. Indeed, this TRC has been explicitly mandated to investigate the violation of individual and collective memory and cultural heritage[82]. It will be interesting to see how the Malian TRC deals with this subject in the context of armed conflict in its final report.
Considering the final reports of the Sierra Leone TRC and the Liberian TRC, and the interesting potential future work of the Malian TRC, one could rightly argue that their narratives of armed conflict contribute to the construction of collective memory in these countries for three main reasons. First, these truth and reconciliation commissions were created by each of these states. They had an official and national mandate. Thus, their official character gives their final reports a certain official authority. Second, these truth and reconciliation commissions were established in a context of armed conflict, negotiations, peace agreements between former belligerents, and a relative political

---

[76] Article IV, section 4 (a), An Act to Establish the Truth and Reconciliation Commission of Liberia, May 12, 2005.
[77] Article IV, section 4 (d), *ibid.*
[78] Liberia TRC, Consolidated Final Report, vol. II, 2009, at 93-140.
[79] Namely the arriving of freed slaves from America from the 19th century, the difficult cohabitation between these dominant settlers and the natives, a context that fueled unresolved conflicts, *ibid.*, at 93-107.
[80] *Ibid.*, 118-129.
[81] *Ibid.*, 213-254.
[82] Mali, Ordonnance portant création de la Commission Vérité, Justice et Réconciliation, Ordonnance n° 2014 003 PRM 2014, 15 janvier 2014, art. 2.

consensus on the need to establish the truth about the past[83]. Third, the final reports of the Sierra Leone TRC and the Liberian TRC have been published and are available to the public[84]. The stories of these truth commissions about the past thus have the potential to help societies integrate the past into their collective memories. The international criminal tribunals in Africa, that have also examined crimes and abuses in African states facing armed conflict, tend to follow the same path.

Of course, the main purpose of criminal courts is not to build a historical record of the state. The purpose of these courts is to establish the guilt or innocence of accused individuals. However, when operating in the context of international crimes such as crimes against humanity, genocide and war crimes – crimes that are generally of a higher magnitude than the usual crimes committed at the national level – international criminal tribunals must understand the context of the commission of these crimes because of their nature[85].

Thus, because they generally need to understand the context of the commission of international crimes, these international criminal tribunals also present the history of the country in which the international crimes were committed. The International Criminal Tribunal for Rwanda (ICTR) presented the history of Rwanda in its judgments. In the *Akayesu* judgment for example, the judges of the ICTR wrote that: "It is the opinion of the Chamber that, in order to understand the events alleged in the Indictment, it is necessary to say, however briefly, something about the history of Rwanda, beginning from the pre-colonial period up to 1994"[86]. This role in the narrative of the Rwanda's history led the former president of the ICTR to state: "One of the most fundamental and important achievements of the Tribunal has been the accumulation of *an indisputable historical record*, including witness testimony, victim testimony, defendant testimony, documentary evidence, video recordings and audio recordings"[87]. It can therefore be considered that in this case, the tribunal has built a historical record of Rwanda regarding the

---

[83] For Sierra Leone, Peace Agreement between the Government of Sierra Leone and the Revolutionary United Front of Sierra Leone, *op. cit.*, article XXVI; For Liberia, Peace Agreement between the Government of Liberia, the Liberians United for Reconciliation and Democracy, the Movement for Democracy in Liberia and the Political Parties, 18 August 2003, UN Doc., S/2003/850, 29 August 2003, Article XIII; For Mali, Agreement for Peace and Reconciliation in Mali resulting from the Algiers Process, 2015, article 47.

[84] See the final reports of the truth commissions of Sierra Leone and Liberia, *op. cit.*

[85] On international crimes, Florence Bellivier, Marina Eudes and Isabelle Fouchard, *Droit des crimes internationaux*, PUF, 2018.

[86] ICTR, The Prosecutor v. Jean-Paul Akayesu, no. ICTR-96-4-T, September 2, 1998, para. 78. On the history of Rwanda, see *ibid.*, paras. 78-111.

[87] ICTR Newsletter, Judge Dennis Byron's Address to the UN General Assembly, October 2008, at 1.

armed conflict and the crimes committed there, thus contributing to the construction of a collective memory regarding this conflict.
For its part, the Special Court for Sierra Leone also took into account the history of Sierra Leone in its judgment in the *Charles Taylor* case[88]. It held that the armed conflict in Sierra Leone was complex, that "an overview of the conflict in Sierra Leone [was] necessary", and that, it was important to expose "the broader geopolitical context in which the civil war took place"[89]. It went back to what happened in Sierra Leone before the 1990s-armed conflict, presented what happened after the independence of Sierra Leone in the 1960s before exposing the international context, the armed conflict itself, the factions that were fighting, the different phases of the armed conflict, and the views of the prosecution and the defense regarding some of the historical events[90].
Regarding the International Criminal Court (ICC), it reported on the armed conflicts in the Democratic Republic of the Congo (DRC) in the *Lubanga* case, reminding that several armed conflicts broke out in that country in the last 1990s and the 2000s, before exposing details on the armed conflict that hampered the region of Ituri which is part of the DRC[91]. Albeit very briefly, the ICC presented in the *Al Mahdi* case part of the armed conflict in north Mali and the control of that segment of Mali by armed groups[92].

Thus, through their narratives of armed conflict in Africa, truth commissions and international criminal tribunals have helped to capture the past and expose it to the public, which is important for building collective memory. It can be argued that, most of the time, the narratives of these transitional bodies are usually already known by the society that experienced the armed conflict. However, by incorporating these narratives into the public and official discourse of a TRC or an international criminal tribunal, the truth is officially legitimized and incorporated into the collective memory. Examination of the past is not the only element to be taken into account in the construction of collective memory. The recommendation of actions for the future is also of great importance.

---

[88] SCSL (Trial Chamber), The Prosecutor v. Charles Ghankay Taylor, no. SCSL-03-01-T, Judgment, May 18, 2012, paras. 18-70.
[89] *Ibid.* para. 19.
[90] *Ibid.* paras. 20-70.
[91] ICC, The Prosecutor v. Thomas Lubanga Dyilo, No. ICC-01/04-01/06, Judgment pursuant to Article 74 of the Statute, 14 March 2012, paras. 67-90.
[92] ICC, The Prosecutor v. Ahmad Al Faqi Al Mahdi, Judgment, No.: ICC-01/12-01/15, 27 September 2016, para. 31.

2. Building Collective Memory through Reparations

Memorialization, which is important for the construction of collective memory, has its place in the restorative recommendations of truth commissions that have investigated crimes committed during armed conflict. In Sierra Leone, the TRC contributed to the country's collective memory by proposing the construction of war memorials. The TRC recommended that at a minimum, "the government should build a national war memorial", and encouraged "local communities to explore their own means of creating public spaces for memory and dialogue"[93]. This commission even explained why memorials are important and implicitly emphasized the elements that are most important to collective memory. The TRC wrote that "memorials serve as lenses or prisms through which to view the past, present and future" and that they "create a public space for sustained dialogue"[94]. The Sierra Leone TRC also gave examples of memorials that could be established and emphasized that this would not have to be costly, citing for example the installation of a monument, the renaming of a building or place, and the transformation of a site of conflict and violence into a useful building or space for the community[95].

In Liberia, the TRC also emphasized memorialization. It proposed "that in order to memorialize the dead and out of respect for the survivors of the Liberian civil conflict, that there be established a national holiday for that purpose to be observed once every year; preferably that National Unification Day be renamed National Unification and Memorial Day, and that memorial sites be built in the capital cities of each county to include every site of massacres where the remains of our people en masse have been buried from 1979 to 2003"[96].

With respect to international criminal tribunals, the International Criminal Tribunal for Rwanda and the Special Court for Sierra Leone have not played a significant role in ordering reparation measures to achieve collective memory because their statutes have limited their ability to order reparations to restitution. However, the International Criminal Court has been given a relatively important role in ordering reparations such as rehabilitation (which consists, for example, of social, health and legal services). In the *Al Mahdi*

---

[93] Report of the Sierra Leone TRC, *op. cit.*, vol. 2, at 196, para. 503.

[94] *Ibid.* para. 500.

[95] *Ibid.* para. 502. On memorialization, see also an appendix of the final report of the Sierra Leone TRC which is dedicated to transitional justice and memorials: *ibid.*, Appendix 4, Part One, Memorials and Transitional Justice.

[96] Liberia TRC, Consolidated Final Report, vol. II, 2009, at 379.

case, a case involving a Malian convicted of war crimes, the court found that the moral damage caused by the accused required symbolic collective reparations that could include memorials[97].
So truth and reconciliation commissions and international criminal tribunals are important in building collective memory. Sometimes they can apply pressure to remember the past and avoid future international crimes. In Sierra Leone, for example, one important symbol is the transformation of the premises of the Special Court for Sierra Leone into a museum, the Sierra Leone Peace Museum. This museum has been described as a "place of memory" that "has a responsibility to use the past to promote understanding of the present"[98], following the work of a special court and a truth and reconciliation commission. However, cases involving reparations with memorialization are not that common in the field of international criminal tribunals. This suggests that these tribunals are limited in ordering collective reparations aimed at building collective memory.

3. Limits of Truth and Reconciliation Commissions and International Criminal Tribunals in the Field of Collective Memory Construction

There are many limitations and obstacles that face commissions and tribunals in the field of collective memory construction. Four of these can be identified. First is the non-preference for collective reparations. Sometimes there can be a rejection of collective reparations aimed at building collective memory by victims in international criminal processes. As the International Criminal Court pointed out in the *Katanga* case, when victims were consulted on their preferred reparations, they rejected collective reparations aimed at building collective memory and preferred financial and economic measures[99]. In that case, the ICC ruled "that collective reparations designed to benefit each victim shall specifically take the form of support for housing, support for an income-generating activity, support for education and psychological support"[100].

---

[97] ICC, The Prosecutor v. Ahmad Al Faqi Al Mahdi, No.: ICC-01/12-01/15, Reparation Order, 17 August 2017, para. 90.
[98] https://www.sierraleonetrc.org/index.php/sierra-leone-peace-museum, last consulted 12 May 2022.
[99] ICC, The Prosecutor v. Germain Katanga, 27 March 2017, No. ICC-01/04-01/07, Order for Reparations pursuant to Article 75 of the Statute, 27 March 2017, para. 301.
[100] *Ibid.* para. 304.

Second is the non-implementation of recommendations. The implementation of truth commission's recommendations, including those on memorialization by post-conflict states, is not always effective. In Liberia, for example, researchers such as Aaron Weah, who has worked extensively on the aftermath of the Liberian TRC, have pointed to the lack of implementation of the Liberian TRC's recommendations[101], even though some local commemoration projects have been developed by local communities[102].
Third is the limited dissemination of the work of truth commissions and international criminal tribunals after armed conflicts. For example, a research project conducted in Sierra Leone a few years ago showed that many Sierra Leoneans were not aware of the publication of the TRC's final report[103].
Fourth is the contestation of the truth published by transitional justice mechanisms. An important question that is sometimes discussed in the literature is whether or not the state history presented by truth commissions includes indisputable truths that should not suffer from contradictions. For example, in Liberia, Aaron Weah demonstrated that "the legitimacy of the [TRC] report [was] challenged by a powerful minority", and that they may be disputed versions of the truth about the past[104]. Sometimes TRCs do not have enough resources to fulfil their mandate, and international criminal tribunals are primarily concerned with establishing guilt or innocence. Exposing the whole truth, therefore, seems unrealistic. The Sierra Leone TRC, which achieved an important record on the history of armed conflicts in Sierra Leone, pointed out its limits and mentioned that "it may be illusory to think that bodies like truth commissions can establish a complete historical record", while recognizing that they can "discredit and debunk certain lies about conflicts"[105].

---

[101] Aaron Weah, "Declining Ethnic Relations in Post-War Liberia: The Transmission of Violent Memories", *International Review of the Red Cross* (2019), 101 (1), 151-171.

[102] Like a monument built by the Samay to commemorate the victims who lost life in 1993-1994: Thierry Cruvellier, Les grands entretiens justiceinfo.net, Aaron Weah, online : https://www.justiceinfo.net/fr/76422-aaron-weah-rappel-liberiens-justice-encore-possible.html., last consulted 12 May 2022.

[103] Projet Atlas, *Transitional Justice in Sierra Leone: Analytical Report,* July 2010, at 23.

[104] Aaron Weah, "Declining Ethnic Relations in Post-War Liberia : The Transmission of Violent Memories", *International Review of the Red Cross* (2019), 101 (1), at 153.

[105] Report of the Sierra Leone Truth and Reconciliation, *op. cit.*, vol. 1, at 32, para. 26.

Conclusion

The limitations and obstacles to the construction of collective memory by truth and reconciliation commissions and international criminal tribunals in African states mean that the work of these transitional justice mechanisms is only a call for more action in the area of building collective memory that can break the cycle of violence and avoid the recurrence of armed conflicts. African states and the international community must always invest in building this collective memory after an armed conflict. This is one of the conditions for establishing lasting peace, true reconciliation, and of course economic and social development.

Références

BELLIVIER F., EUDES M. and FOUCHARD I. (2018). *Droit des crimes internationaux*, PUF, France.

CARSTEN S. (2018). *A Critical Introduction to International Criminal Law*, Cambridge: Cambridge University Press, England.

DE GREIFF P. and ROGER D. (2009). "Transitional Justice and Development: Making Connections", *Social Science Research Council*, June.

HALBWACHS M. (1950). *Mémoire collective*, Presses universitaires de France.

HAYNER P. B. (2011). *Unspeakable Truths: Transitional Justice and the Challenge of Truth Commissions,* New York, Routledge.

HOFFENDAHL C. and JANSEN A. (2013). "Transitional Justice in Afrika: Transitional justice in Africa. Allemagne", Informationszentrum.

KASTNER P. (2017). *International Criminal Law in Context*, London, Routledge, England.

REPORT (2009). "Liberia Truth and Reconciliation Commission, Consolidated", Final Report, vol. II.

REPORT (2004). "Report of the Sierra Leone Truth and Reconciliation", *Witness to Truth.*

THOMPSON J. and KLAUS N. (2015). *Historical Justice and Memory*, University of Wisconsin Press.

WEAH A. (2019). "Declining Ethnic Relations in Post-War Liberia: The Transmission of Violent Memories", *International Review of the Red Cross*, 101 (1), 151-171.

Emmanuel Guematcha is a senior lecturer in international law at the University of French Guiana and lecturer of transitional justice at the University of Paris X-Nanterre. He presents various conferences on the topics on international armed conflicts between the LDC's.

Reviewing

Les relations économiques entre l'Afrique, l'Amérique latine et les Caraïbes

Histoire récente et perspectives dans un monde en crise

Vidal I. Ibarra-Puig

Cet ouvrage est celui de l'économiste cité qui est professeur à l'Université autonome Metropolitana Azcapotzalco du Mexique.
L'auteur a étudié au Colegio de México. Docteur de Sciences Po Paris, il a effectué des séjours de recherche à l'université de Paris 1 Panthéon-Sorbonne, à l'université d'Oslo, à l'Institut central de statistique de Norvège, aux Nations Unies à New York et à l'agence Centre de développement de l'OCDE.
L'étude est fondamentalement contributive dans le cadre des travaux des universitaires de l'Amazonie et la Caraïbe de langue française. Car, l'ouvrage examine les opportunités commerciales réelles et potentielles entre deux régions du monde : l'Afrique, l'Amérique latine et les Caraïbes. L'approche est faite en termes d'opportunités d'affaires commerciales.

Vidal I. Ibarra-Puig procède à l'élaboration de matrices dans le cadre du commerce international et met en évidence les relations entre ces deux zones du monde par les offres et les demandes. C'est l'occasion pour lui de mettre en exergue l'expérience de ses compétences scientifiques de physicien et de mathématicien de l'économie. Les approches sont d'une certaine sophistication qui montre qu'à court, moyen et long termes, en fonction du niveau de développement atteint par chaque pays, les potentialités émergent et dessinent des trajectoires dans le XXIe siècle.
Les étudiants et les chercheurs en économie internationale et Économie du développement trouveront de la matière pour étayer leurs connaissances de spécialité.

Vidal I. Ibarra-Puig est docteur de l'IEP de Paris et diplômé de Master d'économie du Colegio de México. Licencié de physique et de mathématiques de l'Institut national polytechnique, il a mené des études supérieures en analyse des risques, et a passé treize ans d'expérience en banque-finance en qualité de conseiller au niveau de la Direction générale et de la Direction générale adjointe dans diverses banques nationales et Maison de courtage. Professeur dans diverses universités mexicaines, publiques et privées, au niveau licence, maîtrise et doctorat, il est actuellement professeur au département d'économie de l'Universidad Autónoma Metropolitana Azcapotzalco, à Mexico.
Profil PRODEP du ministère de l'Éducation publique, membre du Conseil scientifique de l'université de Daklha au Maroc et de l'AIELF (Association internationale des économistes de langue française), il est un expert, membre du Groupe d'experts sur les tendances du tourisme international de l'Organisation mondiale du tourisme (OMT).

Éditions L'Harmattan

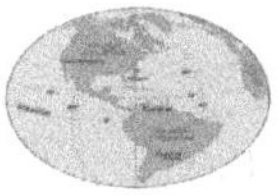 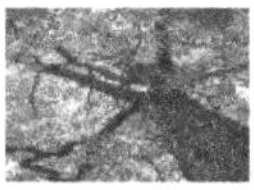

Amazonian Journal of International Development and Management Studies

Revue amazonienne d'études du développement international et du management

Instructions aux auteurs

AJIDMS accepte la publication des articles après examen du comité de lecture. Les papiers doivent suivre les indications suivantes :

– Être soumis en anglais ou en français, couvrir 20 ou 30 pages (6 250-8 500 mots) tout inclus. Le texte en entier, les notes et les références doivent être en caractères normal Times New Roman de préférence, police 12. La liste de sources citée doit être en ordre alphabétique, avec toutes les précisions sans abréviation. Un résumé de 100 mots ou moins doit être inclus en français et en anglais, suivi des mots-clés. Le nom, l'affiliation et tous les contacts de l'auteur devront y figurer. Les manuscrits sont adressés par mail à :

Paul Roselé Chim
Paul.roselle@univ-guyane.fr
Paul.rosele-chim@wanadoo.fr

Nestor Radjou
Exp.dev@orange

Hugues Domingo
Hugues.domingo@univ-guyane.fr

AJIDMS reçoit aussi des articles courts qui présentent un point de vue personnel relatant des expériences de développement économique dans les régions du monde, des papiers théoriques, des analyses interdisciplinaires, des études empiriques, des études de cas et des travaux qui ont une implication significative sur les stratégies et les politiques de développement. L'auteur reçoit la décision de publication après expertise de son article.

Amazonian Journal of International Development and Management Studies
Revue amazonienne d'études du développement international et du management

Instructions to authors

AJIDMS accepts for publication articles after the examination of the committee of lecture. Papers must be as the guide-lines described below. Manuscripts may be submitted in French or English, have between 20 and 30 pages (6250-8500 words) all materials included. All text, notes, references and appendix materials must be double-spaced with 12-point type in New Roman. Tables may be single-spaced a complete list of sources cited must be included, references listed alpabetically with full publication information without any abbreviations. An abstract of 100 words or less should be included with the keywords. The name, affiliation and full contact details of the author should be given.

AJIDMS aims to provide a platform for researchers of Economics, Management, Law and Social Science from all over the world to present their research results and development activities. The Journal is published 2 times a year. It covers some special issues depending on Scientific International Conference on Development and Management. The papers submitted to *AJIDMS* are evaluated before publishing by the advisory board.

Manuscripts should be directed to the *AJIDMS* editorial office by the email.

Please submit your article to:

Paul Roselé Chim
Paul.roselle@univ-guyane.fr
Paul.rosele-chim@wanadoo.fr

Nestor Radjou
Exp.dev@orange.fr

Hugues Domingo
Hugues.domingo@univ-guyane.fr

After the expertise, the authors receive a response for publishing decision.
Regards.

Structures éditoriales du groupe L'Harmattan

L'Harmattan Italie
Via degli Artisti, 15
10124 Torino
harmattan.italia@gmail.com

L'Harmattan Hongrie
Kossuth l. u. 14-16.
1053 Budapest
harmattan@harmattan.hu

L'Harmattan Sénégal
10 VDN SICAP AMITIE 3
BP 45034 Dakar-Fann
direction@senharmattan.com

L'Harmattan Cameroun
Tsinga/Derrière polyclinique FECAFOOT
BP 11486 Yaoundé
Jacques.koukam@harmattan.fr

L'Harmattan Burkina Faso
Villa 281, secteur 23 623, rue 14.32
Ouagadougou
zagbie@outlook.fr

L'Harmattan Guinée
Almamya, rue KA 028 OKB Agency
BP 3470 Conakry
harmattanguinee@yahoo.fr

L'Harmattan RDC
185, avenue Nyangwe
Commune de Lingwala - Kinshasa
matangilamusadila@yahoo.fr

L'Harmattan Congo
219, avenue Nelson Mandela
BP 2874 Brazzaville
deunovmikhael@gmail.com

L'Harmattan Mali
Immeuble Mgr Jean Marie Cissé
Aci Hamadallaye
BP 145 Bamako
syllaka@yahoo.fr

L'Harmattan Togo
Djidjole - Maison Amela
face EPP BATOME
02 BP 20680 Lomé
didieramela11@gmail.com

L'Harmattan Côte d'Ivoire
Résidence Karl - Cité des Arts
Abidjan-Cocody
03 BP 1588 Abidjan
harmattan.ivoire@gmail.com

L'Harmattan Bénin
Rue 604, (Immeuble à l'entrée
de la rue UCAO- Cite de Saint-Jean)
Cotonou
stepcorpus@gmail.com

Nos librairies en France

Librairie internationale
16, rue des Écoles
75005 Paris
librairie.internationale@harmattan.fr
01 40 46 79 11
www.librairieharmattan.com

Librairie des savoirs
21, rue des Écoles
75005 Paris
librairie.sh@harmattan.fr
01 46 34 13 71
www.librairieharmattansh.com

www.ingramcontent.com/pod-product-compliance
Lightning Source LLC
LaVergne TN
LVHW010947061026
849535LV00007B/2612
* 9 7 8 2 3 3 6 4 9 1 7 1 4 *